El nuevo liderazgo

Diseño de tapa:
EL OJO DEL HURACÁN

MARTÍN CAÑEQUE

El nuevo liderazgo

200 líderes reconocidos construyeron
este exitoso estilo de conducción

GRANICA

ARGENTINA - ESPAÑA - MÉXICO - CHILE - URUGUAY

© 2017 *by* Ediciones Granica S.A.

ARGENTINA
Ediciones Granica S.A.
Lavalle 1634 3º G / C1048AAN Buenos Aires, Argentina
granica.ar@granicaeditor.com
atencionaempresas@granicaeditor.com
Tel.: +54 (11) 4374-1456 Fax: +54 (11) 4373-0669

MÉXICO
Ediciones Granica México S.A. de C.V.
Valle de Bravo N° 21 El Mirador Naucalpan Edo. de Méx.
(53050) Estado de México - México
granica.mx@granicaeditor.com
Tel.: +52 (55) 5360-1010 Fax: +52 (55) 5360-1100

URUGUAY
granica.uy@granicaeditor.com
Tel: +59 (82) 413-6195 FAX: +59 (82) 413-3042

CHILE
granica.cl@granicaeditor.com
Tel.: +56 2 8107455

ESPAÑA
granica.es@granicaeditor.com
Tel.: +34 (93) 635 4120

www.granicaeditor.com

Reservados todos los derechos, incluso el de reproducción en todo o en parte, y en cualquier forma

GRANICA es una marca registrada

ISBN 978-950-641-909-7

Hecho el depósito que marca la ley 11.723

Impreso en Argentina. *Printed in Argentina*

Este libro se terminó de imprimir en marzo de 2017 en Color Efe, Paso 192, Avellaneda.

Cañeque, Martín
   El nuevo liderazgo : 200 líderes reconocidos construyeron este exitoso estilo de conducción / Martín Cañeque. - 1a ed. - Ciudad Autónoma de Buenos Aires : Granica, 2017.
   280 p. ; 22 x 15 cm.

   ISBN 978-950-641-909-7

   1. Liderazgo. I. Título.
   CDD 658.4092

ÍNDICE

AGRADECIMIENTOS 9

INTRODUCCIÓN 11

PRIMERA PARTE. LIDERAR CON MENTE FEMENINA
Capítulo 1. Una sociedad desorientada que pide equilibrio 17
Capítulo 2. Llega un liderazgo distinto para un mundo nuevo 23
Capítulo 3. Evolución del liderazgo femenino en el mundo 43
Capítulo 4. Diferencias entre liderar de forma femenina y masculina 61
Capítulo 5. Liderazgo femenino y Generación Y 71
Capítulo 6. La mente femenina se desarrolla, tranquilos 79
Capítulo 7. ¿Estamos en presencia del fin de la empresa tal como la hemos conocido? 105
Capítulo 8. Los prejuicios masculinos sobre el estilo femenino 111
Capítulo 9. Los obstáculos del estilo femenino 121
Capítulo 10. Cómo fomentar el liderazgo femenino en la empresa 127

SEGUNDA PARTE. TRABAJO DE INVESTIGACIÓN
Capítulo 11. Entrevistas individuales a líderes exitosos con estilo femenino 135
Capítulo 12. Entrevistas grupales a líderes con estilo femenino 247
Capítulo 13. Presentación del nuevo Modelo de Liderazgo Femenino 271

CONCLUSIONES 275

BIBLIOGRAFÍA 277

AGRADECIMIENTOS

Quisiera expresar mi mayor gratitud a los hombres y mujeres que me enseñaron el camino del liderazgo. Dejaron en mí una gran experiencia de vida, principalmente mi abuela, Hilda Reigosa, mi madre, Hilda Cañeque y mi tío, Juan Antonio Reigosa, quienes incentivaron que explotara mi liderazgo desde niño.

A grandes personas y maestras encantadoras que lamentablemente nos dejaron en el transcurso de esta obra y extrañaremos mucho: Ángeles Arrien y Clara Antola.

A cada uno de los líderes que se entregaron con total libertad, honestidad y amorosidad a esta idea, con la única intención de dar a conocer una forma distinta de liderar, en la que creen y que desean hacer trascender.

A Carolina Fattore y Gustavo Aguado, que con su invalorable aporte le dieron a la obra un mayor vuelo y ayudaron a llevar a la realidad el anhelo de darla a luz.

A mi amada familia, que me acompaña siempre y de manera incondicional en cada uno de mis sueños.

Martín Cañeque

INTRODUCCIÓN

Esta obra pretende demostrar que el mundo empresarial, ámbito en el que nos hemos enfocado, está pidiendo a gritos un cambio fuerte de paradigma con respecto al liderazgo. Como todo nuevo paradigma, liderar con la mente femenina se enfrenta a viejas e instaladas creencias masculinas acerca de lo que el liderazgo significa y cómo debe ser ejercido. Pero lo que lo hace más desafiante aún es que esta transformación prácticamente reescribe los cimientos más sólidos y estancos que han tenido las empresas en los últimos siglos. Y lo ha hecho hasta poner en tela de juicio el verdadero valor, la forma y el desarrollo del trabajo mismo.

Por esta razón no es un libro fácil de entender, ya que no intenta ser un ensayo más sobre el liderazgo de la mujer y mucho menos sobre el feminismo. No se relaciona con una cuestión de géneros, sino de "estilo de conducción" circunscripto sobre todo al mundo empresarial, aunque aplicable sin lugar a dudas a las más variadas formas de organización.

Esta investigación de más de tres años, que consiste en la recopilación de opiniones de más de cien líderes reconocidos del mundo entero y la observación del cambio de liderazgo en miles de gerentes que hemos entrenado en nuestra Consultora Pharus, pretende ser una idea innovadora y orientadora para que muchos otros comiencen a investigar sobre este nuevo estilo que, a nuestro juicio, se hace tan necesario hoy en día en las organizaciones.

Tan fuertes son los paradigmas masculinos arraigados en las organizaciones que muchos de nuestros entrevistados, luego de explicarles acabadamente la idea del libro, seguían inconscientemente hablando de "hombres y mujeres" o asociando el término "femenino" solo a la mujer. De hecho, no todos los entrevistados que contaban con este estilo de liderazgo lograron reconocerse en él. Algunos detectaron ciertas características y las reconocieron como propias, pero no se identificaron con el mote de *liderazgo femenino*, por más que todos los que incluimos en la obra estén utilizando este estilo y sean reconocidos y valorados por ello.

A nosotros mismos, precursores de esta teoría, muchas veces nos costaba separar estos conceptos o encontrarle un nombre a este estilo. Quizás *liderar con mente femenina* o *el liderazgo femenino* no sea la mejor elección, quizás a alguien se le ocurra una mejor con el que los hombres se sientan más identificados. Pero analizar eso en esta instancia sería como concentrar la vista en un pequeño árbol, delante de un inmenso bosque que implora ser descubierto.

Nuestra teoría es muy sencilla, pero a la vez revolucionaria y muy difícil de conceptualizar por su reciente surgimiento y, como decíamos, el alto nivel de "masculinización" que existe todavía en las organizaciones, las religiones y la sociedad.

Básicamente, lo que tratamos de demostrar en este trabajo es que las empresas del mundo entero, impulsadas por una Generación Y que ve el trabajo de otra manera, el descontento generalizado que existe en los empleados y la falta de "Sentido" que impera en nuestras vidas, están buscando líderes distintos. Ya no tiene cabida ninguno de los estilos desarrollados durante los últimos 200 años. Debe surgir un nuevo estilo, más integrador, inclusivo y humano. La incorporación de las mujeres a las direcciones y de hombres capaces de mostrar su vulnerabilidad y amorosidad, sin

INTRODUCCIÓN

perder autoridad, está acelerando este proceso y hace que cada día se vean más líderes que conducen de esta manera.

Este nuevo estilo tiene una serie de características, pedidas por los seguidores, que nosotros vemos asociadas al lado "femenino" de las personas. Este es un tema que se ha tratado en infinidad de obras, como costado femenino, mente femenina, cerebro femenino, ánima y ánimus, etc.

Tratamos así de dar a luz a un nuevo estilo que se asocia con habilidades y actitudes propias de una forma femenina de pensar, sentir y actuar que cualquiera puede poseer o entrenar, sea hombre o mujer. Dicho estilo demuestra un gran dominio de las variables *soft* o "blandas" del management y que está cada vez más comprobado que genera mayores ganancias en las corporaciones y mayor bienestar en las personas, las familias, la sociedad y el mundo.

Claro está que es más común encontrar estas singularidades en las mujeres, ya que, naturalmente, son más propensas a nacer con ellas. Pero esto no obsta a que uno suela encontrar mujeres que lideran de una manera sumamente masculina y hombres que lo hacen de una forma más femenina.

En definitiva, nuestra única misión es que el enfoque y la publicación de esta obra sirva para inspirar y motivar a hombres y mujeres de todas partes a liderar de una manera más efectiva para los tiempos que corren, llevando claridad, amor y seguridad a las organizaciones, que tanto lo necesitan.

PRIMERA PARTE

LIDERAR CON MENTE FEMENINA

CAPÍTULO 1

UNA SOCIEDAD DESORIENTADA QUE PIDE EQUILIBRIO

Los hombres han liderado las organizaciones empresariales y políticas en los últimos siglos con un marcado estilo masculino de conducción. El resultado ha sido un gran nivel de desarrollo tecnológico y productivo sin precedentes, a cambio de la destrucción indiscriminada de los recursos naturales, cambios violentos en el clima y una sociedad cada vez más exitista y fácil de manipular.

Todos, hombres y mujeres, volcados al trabajo por igual, se desempeñan en empresas que en general se distinguen por su falta de rumbo, reglas poco claras y mala comunicación. Esto ha provocado un incremento notable de enfermedades basadas en el estrés, el aumento desproporcionado en el consumo de ansiolíticos y antidepresivos, y un importante nivel de disconformidad con el trabajo, según las encuestas de los últimos años del mundo entero.

A todo esto se suman otras cuestiones que vemos en las empresas asociadas en principio con el mundo masculino: la incoherencia de los conductores, el descuido por los vínculos y la salud, el cumplimiento obsesivo de objetivos, el esfuerzo desproporcionado, las relaciones distorsionadas de poder, las cargas de trabajo desmedidas y abusivas jornadas laborales, el mal uso de las jerarquías y la alta rigidez de procesos y políticas.

Este mundo empresarial excesivamente masculinizado quizás sea la razón principal por la que algunas mujeres han elegido adoptar un estilo de conducción masculinizado también, abandonando el que por su naturaleza tenían. Por otro lado, los líderes con estilos masculinos de conducción siguen eligiendo personas con ese mismo estilo para que lideren sus divisiones. Suponen que ellos son más afines a su perfil y se alinean más rápidamente con sus formas de pensar y de llevar la organización. Por ello, el estilo imperante en el mundo sigue siendo el masculino, ya sea de hombres o mujeres.

Todo esto ha contribuido a que vivamos en una sociedad que claramente ha perdido el rumbo, asustada por una incertidumbre constante sobre el futuro, la angustia por la búsqueda agotadora del éxito que nunca parece ser suficiente, el consumismo sin sentido y un cambio feroz que amenaza con no disminuir su ritmo jamás.

John Gazema y Michael D'Antonio realizaron un estudio mundial con 64.000 personas en 13 países y descubrieron que tanto hombres como mujeres, en su mayoría, están insatisfechos con la conducta de los hombres que protagonizaron la crisis financiera global de 2008. El 66% de los encuestados afirmó que este sería un mundo mejor si los hombres pensaran más como las mujeres. Claramente, la gente se quejaba de la fuerte acumulación de poder, los engaños y el pensamiento rígido como conductas eminentemente masculinas, que los habían llevado a la crisis, en ausencia de conductas de corte más femenino.

Algo está claro: para salir de esta situación, se necesitan líderes con visión y conductas más orientadas a la empatía, la contención, la sensibilidad y el conocimiento y respeto integral del ser humano. Además, se necesita que conduzcan a sus seguidores con la firme convicción de crear un mundo mejor, superador del que vivimos. Se necesitan líderes que fomenten la transparencia, la sociabilidad y la integración. Que sepan "parar la pelota" y hacerse cargo de la situación que estamos viviendo, sin mirar a los costados buscando a quién culpar o juzgar. Que no se enfrasquen en una lucha política improductiva y dañina, sino que tengan el coraje de decir las cosas de frente, sin ofender ni dañar al otro, cuidando siempre el bien común. Que integren e incluyan a todos sus seguidores, más allá de sus ideologías y formas de pensar o sentir. Que busquen diferentes puntos de vista, gestionen la diversidad de culturas y géneros e involucren en las decisiones a los más jóvenes. Que no crean en encuestas que les dicen lo que quieren oír, sino que vuelvan a "escuchar" a los suyos.

Afortunadamente, las mujeres, en general portadoras por naturaleza de esos rasgos de carácter, han comenzado desde hace algunos años a sumar a su rol hogareño y maternal el rol laboral y profesional, incorporándose cada vez con mayor fuerza a los puestos de liderazgo de las empresas. Esto les está permitiendo a los hombres y mujeres con estilo marcadamente masculino observar las bondades de un estilo de conducción mucho más sensible, amigable y sano que logra mejores niveles de comunicación, clima y productividad en las empresas. Afirma Warren Buffett, uno de los más grandes inversionistas del mundo: "Lograr aprovechar el talento de las mujeres es clave para construir economías fuertes".

Lo confirman muchos estudios realizados en los últimos años, como el titulado "Women at the Wheel, do Female Executives Drive Start-up Success?" de Dow Jones Venture Source y la Universidad de California, que dice que "las compañías fundadas y lideradas por ejecutivas femeninas o que tienen equipos fundadores mixtos tienen una tasa más alta de éxito y un retorno de la inversión más rápido que las fundadas solo por ejecutivos masculinos". Suponen que esto se debe a que "las mujeres tienen un estilo de dirigir práctico, participativo y directo, que favorece la colaboración entre el líder y sus seguidores".

Jean Shinoda Bolen (médica y analista junguiana) comenta: "La sabiduría femenina es una sabiduría de interconexión e interdependencia, que es lo que el mundo necesita comprender. Si lastimamos una parte del planeta, todo el planeta sufre y nosotros con él. Si una persona ejerce violencia sobre otra, toda la humanidad sufre con ella. Si un niño muere de hambre, todos morimos con él. No hay forma de sustraerse aun cuando creamos que podemos hacerlo. Esa es la sabiduría que las mujeres pueden aportar".

Este estilo de conducción se ha visto de forma aislada en algunas partes del mundo, pero es ahora cuando se está volviendo más actual y necesario. Es por ello que nos hemos decidido a investigar tanto sobre esta forma de liderazgo.

Hombres y mujeres de distintos países responden en nuestras entrevistas sobre esta tendencia, sus ventajas y cómo y por qué se está comenzando a imponer cada vez más, a pedido de los integrantes de las empresas.

Hace un par de años, impulsamos mucho que se nombrara una gerente general con gran estilo femenino en una empresa de primer nivel. Recuerdo las reuniones y almuerzos que mantuvimos con el gerente general, que en ese momento debía abandonar la empresa, para que la propusiera a ella en su reemplazo. Por suerte la propuesta resultó y ella finalmente fue nombrada en una empresa y un mercado totalmente "masculinos". Meses más tarde les preguntamos a los gerentes a quienes ella les reportaba si estaban contentos con su nombramiento y todos contestaron que sí, opinando que era la líder que hubieran elegido, porque los contenía mucho y amaba la empresa.

Hoy la compañía batió todos sus récords de los últimos 70 años en facturación, rentabilidad y clima organizacional, convirtiéndose en un gran ejemplo para el resto de las empresas del rubro. También ha implementado programas de cambio exitosos en tiempo récord y con niveles de satisfacción muy altos en el personal. Ella combina un estilo maternal, amoroso y exigente. Pero eso sí, no se metan con ella y su gente porque descubrirán una leona que los sorprenderá por su bravura.

Es importante dejar claro una vez más que si bien las mujeres tienen mayor facilidad para desplegar las habilidades o condiciones mencionadas, fundamentalmente por su capacidad para ser madres, cada vez son más los hombres que demuestran poseer y poder utilizar dichas habilidades sin problema alguno, logrando también grandes resultados.

Este estilo de liderazgo que reconoce y explota el lado femenino, o utiliza más la llamada "mente femenina", está provocando importantes cambios y se vuelve cada vez más fundamental para traer orden, equilibrio y amor a un mundo que, en muchos sentidos, está perdiendo esas cualidades.

¿Se ha preguntado alguna vez el lector qué habría sucedido si las negociaciones bélicas de las guerras de los últimos siglos hubieran sido llevadas a cabo por líderes femeninos con orientación a la vida, al amor y a la "no violencia"?

En los capítulos siguientes analizaremos distintos aspectos y características de este nuevo estilo que hemos denominado "Liderar con mente femenina", con el fin de demostrar la importancia y los beneficios que tiene hoy fomentar este tipo de conducción en las organizaciones.

CAPÍTULO 2

LLEGA UN LIDERAZGO DISTINTO PARA UN MUNDO NUEVO

Como dijimos, en los últimos siglos en las empresas se privilegiaron las virtudes masculinas (visión lineal, decisión, análisis, autoridad) sobre las femeninas (visión global, consenso, interpretación, influencia).

Este estilo masculino de liderazgo llevó en general a tener empresas con importantes niveles de crecimiento, pero con empleados insatisfechos, poco comprometidos y desmotivados que no dudan en cambiar de compañía por un sueldo apenas mejor o un par de beneficios insignificantes.

A través de la investigación de diferentes encuestas, realizadas por todo tipo de organizaciones de distintos países, llegamos a la misma conclusión: la mayoría de los empleados de casi todo el mundo están descontentos con sus trabajos, y hay que tomar cartas en el asunto si queremos que nuestras economías se fortalezcan y las empresas no queden vacías. De lo contrario, el sistema colapsará, ya que nadie querrá ir a trabajar.

El sitio Trabajando.com realizó una encuesta a más de 2.500 argentinos, de la cual se desprende la visión de los empleados respecto de su trabajo. Estos fueron los resultados:

- El **73%** de los empleados argentinos está **descontento** con su trabajo. De ellos:

- el 41% manifestó no gustarle su actual trabajo y estar en busca de otras opciones;
- el 28% aseguró no gustarle pero necesitaba el trabajo;
- el 4% dijo que no le gustaba, pero que el sueldo era bueno.
– Mientras que el **27%** asegura estar **contento**:
  - el 15% dijo que es agradable y que está trabajando en lo que quería;
  - el 12% expresó estar encantado con su trabajo.

Por otro lado, y posiblemente para paliar el malestar que existe hoy acerca del trabajo, las empresas están buscando renovar su personal con empleados con pensamiento más femenino. En la misma encuesta, al consultárseles acerca de cuáles eran las habilidades laborales solicitadas por las empresas, pudo observarse una lista sorprendentemente relacionada con estas características femeninas[1]:

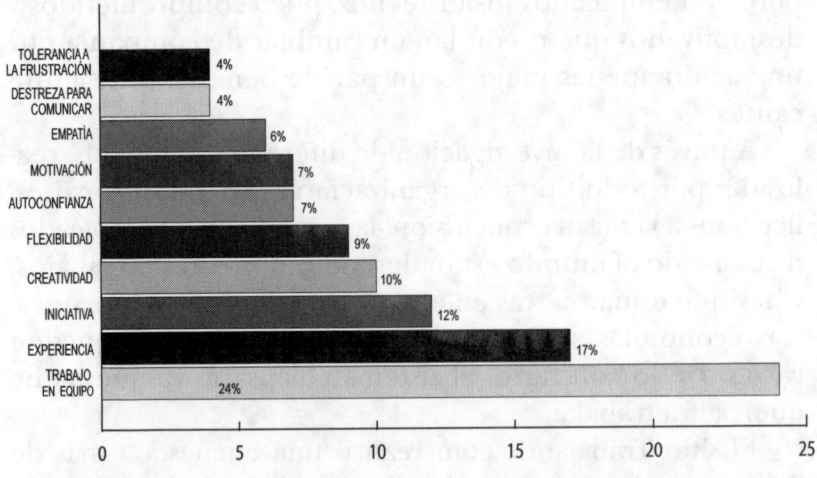

1. Blog Trabajando.com: "El 41% de los argentinos no está contento con su trabajo", en http://blog.trabajando.com.ar/argentina/236-el-41-de-los-argentinos-no-esta-contento-con-su-trabajo, marzo 2012.

En síntesis, los empleados no están contentos con su trabajo, los conductores de las organizaciones lo saben y se han dado cuenta de que deben hacer algo por cambiarlo o se quedarán sin mano de obra, por lo que buscan empleados con una visión de trabajo distinta. Ya no se buscan personas analíticas, ni devotas del trabajo, ni autosuficientes; se buscan cualidades mucho más blandas en quienes lideran y son liderados.

A su vez, una encuesta realizada por Quartz en 2012 en Estados Unidos reveló que **1 de cada 5** empleados está **descontento** con su trabajo y que **1 de cada 2** empleados se siente **desconectado** de su trabajo y de su jefe[2].

La empresa Gallup condujo una encuesta entre 150.000 empleados estadounidenses que trabajaban a tiempo completo y a medio tiempo. Los resultados dieron a conocer que el **18%** de los empleados estaban en la categoría de **"activamente desinteresados"**. Estos asalariados faltan al trabajo por enfermedad con mayor frecuencia, absorben el tiempo de sus supervisores, contagian su descontento al resto del personal y se calcula que causan una pérdida de productividad a los Estados Unidos de entre 450.000 y 550.000 millones de dólares. A eso se le suma que aproximadamente un 50% de los empleados se siente **desconectado** de su trabajo y de su supervisor.

Por otra parte, según una encuesta privada hecha en los Estados Unidos la mayoría de los trabajadores están descontentos con su empleo. The Conference Board sustentó su informe en una encuesta llevada a cabo en 5.000 hogares en 2013 por Nielsen, concluyendo que el **47,7%** de los estadounidenses está **satisfecho** con su empleo y que el **52,3%** de los empleados norteamericanos está **descontento**.

"La satisfacción en el empleo sigue siendo históricamente baja y esto extiende una tendencia que se ha visto desde el

---

2. Juo de Quartz, L.: "Uno de cada cinco empleados está descontento con su trabajo en EE.UU.", en *Miami Diario*, Miami, 27/10/2015.

comienzo del siglo", indicó The Conference Board. "Mientras que la satisfacción en el empleo en las décadas de 1980 y 1990 se aproximaba habitualmente al 60% o más, 2005 fue el último año en el cual una mayoría de los estadounidenses (52,1%) dijo que estaba contento con su trabajo". Los niveles de satisfacción fueron bastante parejos entre hombres y mujeres, aunque sus prioridades difieren. Según el informe: mientras que a los hombres parece importarles más la compensación y el interés en su trabajo, para las mujeres tienen valor adicional la flexibilidad de horarios, las promociones y los compañeros[3].

Por su parte, el diario *La Nación* nos cuenta que el problema de los empleados no comprometidos no es específico de Estados Unidos. Por ejemplo, un artículo reciente demuestra que, en Alemania, el motor del crecimiento de Europa, un quinto de sus empleados pertenece a la clase de "activamente no comprometidos", lo que afecta en forma negativa la productividad y el crecimiento[4]. Si se considera también el compromiso generacional, un informe de la consultora BlessingWhite –con sede en Princeton– sugiere que al menos un cuarto de los empleados de la Generación Y de todo el planeta no está comprometido, y el problema es más agudo en el sudeste asiático, donde la cifra aumenta a casi un tercio[4]. Estas cifras plantean la cuestión de si los empleados de la Generación Y son particularmente exigentes y ambiciosos u holgazanes y desmotivados, o si la realidad es más compleja. Un factor que probablemente contribuya a la falta de compromiso más pronunciada de la Generación Y es que los empleados más jóvenes no suelen tener una imagen clara de lo que los hace felices. Es decir,

---

3. Univision.com: "La mayoría de los trabajadores en EE.UU. están descontentos con su trabajo", en http://www.univision.com/noticias/empleo/la-mayoria-de-los-trabajadores-en-eeuu-estan-descontentos-con-su-empleo, 18/06/2014.
4. Andrés Hatum: "La falta de compromiso tiene un alto costo para todas las empresas", *La Nación Diario*, 07/09/2014.

a veces no encuentran lo que están buscando porque no tienen experiencia suficiente para saber qué es lo que quieren. Así, la falta de claridad personal puede influir en la falta de compromiso de la Generación Y[5].

Una encuesta realizada por Ipsos[6] para la multinacional Steelcase, llevada a cabo entre más de 70.000 trabajadores de 10 países, revela que solo el 59% de los empleados se siente satisfecho con sus lugares de trabajo, encontrándose los trabajadores más satisfechos en Estados Unidos, Alemania y Turquía. A nivel físico, el estudio realizado por Steelcase reporta que en el entorno de la Unión Europea se destinan anualmente 12.000 millones de euros a gastos relacionados con el dolor de espalda de trabajadores que desempeñan su actividad en una oficina o similar.

De hecho, según un estudio de Gallup[7] realizado en 195 países, el 62% de los trabajadores de España no se siente comprometido con sus empresas, lo que significa que no están emocionalmente involucrados ni procuran crear valor para la organización. Esta cifra es alarmante, pero mucho más si tenemos en cuenta que solo el 18% está comprometidos y el 20% restante está activamente no comprometido, lo que supone una influencia negativa y potencialmente hostil para la organización. Como conclusión del estudio se desprende que la lealtad de los empleados es un factor económico, ya que los países con un menor nivel de lealtad cuentan con una economía más débil.

Está muy claro que los empleados en el mundo entero no están contentos con su trabajo, pero no está claro por qué.

---

5. Ibídem.
6. 20 minutos: "Los trabajadores españoles, entre los empleados más descontentos con su entorno laboral", http://www.20minutos.es/noticia/2145983/0/trabajadores-espanoles/descontentos/entorno-laboral/, 22/05/2014.
7. Ibídem.

La globalización y la necesidad de interactuar con otras culturas y generaciones está cambiando el concepto empresarial clásico de la competitividad por el de la complementariedad, principal característica del liderazgo con estilo femenino.

Durante los más de 20 años en los que he trabajado con líderes de las más variadas organizaciones, culturas y generaciones pude observar cómo el mundo iba transformándose, mientras que el estilo de liderazgo empresarial no se ajustaba a ese cambio. Lamentablemente, muchos son los líderes que aún no se han dado cuenta de que las necesidades de sus empleados se modificaron muy rápidamente.

La incorporación de nuevas generaciones a las empresas, el continuo y acelerado cambio que se vive en la sociedad, la irrupción de las nuevas tecnologías y el cambio brutal en cuanto a los valores han hecho que las personas que integran la empresa, que son su mayor valor agregado, hayan cambiado sus necesidades y lo que desean de un líder. Sus líderes no lo han entendido y de allí el descontento. Simplemente no están satisfaciendo las necesidades de sus seguidores.

Este cambio en las necesidades y deseos de los empleados se debe a varios factores sociales:

1. La incorporación de **mujeres** al liderazgo de las empresas con un nuevo estilo marcadamente femenino y exitoso.
2. La búsqueda de una **vida mejor** en el trabajo por parte de los empleados.
3. La incorporación al trabajo de la **Generación Y**, que busca líderes y organizaciones con características blandas.
4. La cada vez mayor **valoración** de las virtudes de lo femenino por parte de las empresas.

Exploraremos cómo cada una de estas variables contribuyó a tener mayor presencia de lo femenino en las empresas:

1. La incorporación de *mujeres* al liderazgo

Nadie puede ignorar el hecho de que cada vez hay más mujeres (hablamos de las que tienen un perfil femenino y no de aquellas que se han masculinizado para sobrevivir en un mundo hostil) ocupando puestos de liderazgo en las empresas del mundo entero. Esto ha facilitado que muchas organizaciones pudieran observar los resultados de un tipo de liderazgo con un perfil bien distinto al que venían viendo.

El incremento en la cantidad de mujeres que se encuentran en puestos de conducción se debe principalmente a la escasez de talentos, el cambio de rol de la mujer y la búsqueda de estilos que fomenten formas distintas de pensar y vivir la organización.

Con su incorporación, muchos hombres se han animado a explorar y desarrollar su costado femenino: más emocional y sensible. Está lentamente imponiéndose en las empresas como un nuevo estilo, pero todavía recibe muchas críticas y juzgamientos. Como todo nuevo paradigma, es muy resistido por líderes masculinos que no pueden aceptar que esta es una tendencia que crece rápido y que trae grandes resultados.

Con el incremento del número de mujeres en el ambiente laboral en todas las jerarquías y el aumento de ellas en las universidades, con diplomas de licenciaturas y maestrías, se han incrementado los resultados positivos de los negocios. A través de distintos informes, encuestas y estudios confirmamos esta tendencia cada vez con más certeza.

Según el Informe Mundial de la OIT (Organización Internacional del Trabajo) titulado "La mujer en la gestión empresarial. Cobrando impulso"[8], las mujeres han hecho muchos avances en el acceso a la educación y como resultado ha aumentado su acceso al empleo. Hoy, un tercio de

---

8. Organización Internacional del Trabajo: *La mujer en la gestión empresarial. Cobrando impulso. Informe Mundial.* OIT, Ginebra, 2015.

las empresas en el mundo están conducidas por mujeres y también cada vez más se reconoce su capacidad de gestión. Día tras día se comprueba que lograr un equilibrio de género y diversidad en los equipos de gestión en todos los niveles de la jerarquía produce resultados positivos en los negocios.

Actualmente, el 5% de los directores ejecutivos de las mayores corporaciones globales son mujeres y ellas ocupan el 40% de los empleos a escala mundial. Aunque dirigen una tercera parte de todas las empresas, en su mayoría se trata de microempresas y pequeñas empresas.

En la mayoría de los países el número de mujeres está superando el de hombres con diplomas de licenciatura y maestría, lo cual es llamativo y demuestra el fuerte interés de las mujeres en incorporarse al mundo empresarial.

El poder adquisitivo de las mujeres se ha disparado y a menudo tienen a su cargo los presupuestos familiares y las decisiones financieras. Ha llegado a decirse que a escala mundial las mujeres representan el tercer grupo de "mil millones" después de los mercados emergentes de China e India.

En los últimos años, McKinsey & Company[9] ha investigado la relación entre los resultados organizativos y financieros y la cantidad de mujeres en cargos directivos. Se observó que la cotización de las acciones de las empresas europeas con más mujeres en sus equipos de gestión había aumentado un 17% entre 2005 y 2007, y que su beneficio de explotación promedio era casi el doble respecto del de la industria.

En la clasificación de 353 empresas del índice Fortune 500, las empresas con un 14,3% a un 38,3% de mujeres en cargos directivos tenían una rentabilidad sobre los fondos propios un 35% superior respecto de las empresas que tenían entre 0% y 5% mujeres directivas. Además, el valor accionario total era un 34% superior.

---

9. Ibídem.

Un informe de Catalyst[10] señaló que las compañías de Fortune 500 con más mujeres miembros de las juntas directivas aventajaban a las empresas con menos mujeres en:
- un 16% en la rentabilidad sobre las ventas,
- un 26% en la rentabilidad del capital,
- un 84% en las tasas de rentabilidad sobre las ventas,
- un 60% en las tasas de rentabilidad sobre el capital invertido,
- un 46% en la rentabilidad sobre sus fondos propios.

Un estudio de Dow Jones[11] demostró que las empresas prósperas tenían un mayor porcentaje promedio de mujeres ejecutivas que las demás, y que aumentaba la probabilidad de buenos resultados en las empresas que tenían más mujeres directivas en calidad de vicepresidentas o directivas.

En 2012, Credit Suisse compiló una base de datos sobre el número de mujeres que desde 2005 integraban las juntas directivas de las 2.360 empresas del índice MSCI AC Word. Mostró que, en los 6 años anteriores, las empresas con al menos una mujer en la junta directiva aventajaron en un 26% a las que no tenían ninguna, al considerar la cotización de acciones.

Las empresas con mayor representación femenina a nivel de directorio o de alta gestión tienen mayor rentabilidad, valoraciones más altas e índices de pago también más elevados según un informe de Credit Suisse Research[12].

En Argentina, las estadísticas revelan que las mujeres cada vez trabajan más. El 60% tiene un empleo fuera de su

---

10. Ibídem.
11. Ibídem.
12. Mujeres&Cía: "Más directivas, más rentabilidad empresarial", en http://www.mujeresycia.com/index.php?x=nota/86821/1/ms-directivas-ms-rentabilidad-empresarial, 21/10/2014.

hogar. En la última década aumentó un 120% la cantidad de horas que las mujeres dedican a lo laboral[13].

En 1996 las mujeres ocupaban un 22,9% de los cargos de dirección, cifra que subió al 31,6% en 2012. Este avance se percibe tanto en el sector público como en el privado. En el ámbito estatal, las mujeres alcanzaron en 2012 casi la paridad: un 50,3% de los cargos de jefatura y decisión estaban ocupados por ellas. Una de nuestras entrevistadas del sector público, Natalia Garozzo, directora de Despacho del Ministerio de Salud de la Nación, al preguntarle qué era lo que aún no había logrado como líder, dijo: "Mejorar aspectos de RR.HH. del sector público y vencer barreras normativas que impiden premiar económicamente al personal. Suele ser muy complejo e inequitativo no poder premiar la eficiencia y la responsabilidad de los empleados que se destacan". Queda así de manifiesto que si bien las estadísticas muestran que ha habido cambios en este sector, todavía falta un largo camino por recorrer y mejorar la proporción de mujeres en el trabajo.

El informe del PNUD (Programa de Naciones Unidas para el Desarrollo) muestra que, aunque las desigualdades de género persisten, la presencia de mujeres aumentó y que sus mejores logros educativos empiezan a manifestarse en el mercado laboral[14].

La participación de las mujeres en el mercado laboral de América Latina y el Caribe experimentó el mayor aumento de todas las regiones a nivel global, de 40 a 54%, entre 1990 y 2013[15].

---

13. Cadena 3: "Estadísticas revelan que las mujeres cada vez trabajan más en la Argentina", en http://cadena3.com/contenido/2012/08/05/101209.asp, 05/08/2012.
14. "Apenas 3 de cada 10 puestos directivos son ocupados por mujeres", en *Tiempo Argentino*, Buenos Aires, 27/10/2014.
15. América Economía: "Aumenta participación de mujeres en mercado laboral de América Latina", en http://mba.americaeconomia.com/articulos/notas/aumenta-participacion-de-mujeres-en-mercado-laboral-de-america-latina, sin fecha.

En el artículo "La mujer, una estrategia de negocio", se explica cómo frente a la escasez de talentos las empresas comienzan a trabajar en la inclusión del sexo femenino al mercado laboral.

Las grandes compañías, en su mayoría multinacionales, están trabajando en acciones concretas para que las mujeres ocupen un lugar destacado en cantidad y en lugares de responsabilidad.

El caso del Citi es especial: la firma de servicios financieros hace varios años que comprendió que el talento femenino no se puede desperdiciar si se quiere ser competitivo en los negocios. Hoy, de las 62 sucursales que tiene en Argentina, 19 están dirigidas por mujeres[16].

La directora de Philips en Argentina manifestó que hoy el foco de la empresa es comenzar a tener más participación femenina a nivel de dirección. No solo por diversidad sino para ampliar puntos de vista. Y recuerda que el 50% de sus clientes son mujeres[17].

Según un informe encargado por la Comisión de negocios para el Desarrollo Económico (CED), Estados Unidos está quedando retrasado en relación con otras naciones en la promoción del acceso a las mujeres a cargos y niveles de alto liderazgo. El objetivo del informe es promover la inclusión de más mujeres en los consejos directivos de las empresas estadounidenses, "porque las empresas exitosas del futuro serán aquellas que logren atraer, mantener y hacer crecer el talento femenino"[18].

Según un estudio de Hay Group, se realizó un *ranking* de empresas que más promueven el liderazgo en la región.

---

16. Monferrán, J.: "La mujer, una estrategia de negocio", en revista *Líderes del mañana*, noviembre 2010.
17. Ibídem.
18. Mujeres&Cía: "Talento femenino para empresas exitosas y competitivas", en http://www.mujeresycia.com/index.php?x=nota/49567/1/talento-femenino-para-empresas-exitosas-y-competitivas, 06/08/2012.

El 30% de las 10 mejores empresas latinoamericanas tienen mujeres en puestos directivos, en comparación con casi el 58% en las 20 globales.

"Las mujeres cada vez participan más del trabajo. En el futuro cercano, China e India van a aportar porcentajes importantes de talento a nivel mundial. Se ven muchas mujeres más en las top 20, lo que dista mucho de la realidad de la región, y además vemos que eso no ha cambiado en los últimos seis años", asegura la gerente de consultoría de Hay Group[19].

El liderazgo femenino avanza en las empresas hacia la mayor incorporación de mujeres al mercado laboral, impulsado básicamente por la escasez de talentos y el creciente nivel educacional de las mujeres. También porque se les paga menos y están más disponibles. Cada vez más se orientan a la vida laboral y menos a formar una familia y tener hijos, según muestran las encuestas en todo el mundo. Esto hace que el mundo empresarial esté experimentando, de manera creciente, ser liderado por mujeres con un perfil femenino y a ver que esto trae grandes resultados. De a poco los hombres también comienzan a animarse a liderar de esta manera: más cercana, emocional e integradora.

Este nuevo paradigma está contribuyendo a que puedan apreciarse los frutos de esta forma de conducción y más personas con estas características empiecen a mostrarlo, despertando un interés cada vez mayor de empleados de todas las latitudes que desean tener un líder así en sus organizaciones.

2. La búsqueda de una *vida mejor* en el trabajo

Recuerdo cuando mi padre llegaba a casa, cansado por todo lo que había trabajado, y mi madre lo estaba esperando, con la comida lista y una sonri-

---

[19]. Osorio, M.: "Ranking de empresas que más promueven el liderazgo en la región", en http://mba.americaeconomia.com/articulos/reportajes/ranking-de-empresas-que-mas-promueven-el-liderazgo-en-la-region, 14/06/2011.

sa, a pesar de haber trabajado todo el día ella también. Nos sentábamos los cuatro a la mesa a comer con tranquilidad y luego disfrutábamos durante un buen rato de una charla muy amena en la que mi padre contaba cosas de su trabajo, mi madre del suyo y nosotros de la escuela y los programas que hacíamos con nuestros amigos.

En ese entonces, las personas recibían la contención, el amor y la escucha que necesitaban en sus hogares, en las reuniones con sus amigos; en la cafetería por la mañana, hasta el mozo estaba dispuesto a prestar su oreja para una buena escucha. Nadie nos corría, ni se vivía como si todo fuera a acabarse mañana; las prioridades estaban claras, los valores eran muy fuertes y compartidos. Todo era simple y predecible.

Todo eso ha cambiado. Los adultos llegan a su casa y suelen encontrarse con problemas de todo tipo. Los padres prestan cada vez menos atención y tiempo a los niños; los chicos lo único que quieren es ver televisión, mandar mensajitos de texto, jugar con la tablet o encerrarse en su cuarto. Las escuelas, que siempre fueron un gran lugar de contención, no dudan ni un minuto en prescribirles a los padres que lleven a su niño al psicólogo antes de entender qué es lo que verdaderamente le pasa.

Otro ejemplo de la falta de vínculo que hay entre nosotros es que antes recibíamos innumerables llamados telefónicos o visitas de nuestros amigos y familiares en nuestros cumpleaños, hoy recibimos mensajes de texto, apps, e-mails, tweets y demás, pero ¿quién nos llama o pasa a saludarnos? ¡Era fácil organizar una cena entre amigos!, hoy termina uno teniendo que leer unos 140 mails que no le aportan nada, para que finalmente ya no sepa quién va a comer y quién no, y mucho menos qué trae cada uno. Ni hablemos de organizar un viaje… ¡Una odisea!

La "comunicación" ha sido sustituida por la "conexión"; los límites, por la culpa; el amor, por las citas rápidas buscadas por la aplicación de moda, y la reflexión por ansiolíticos y antidepresivos de todo tipo y color. Con todo ello se ha conseguido desvalorizar el amor, los vínculos y los valores. Ya **no hay tiempo** para esas cosas, y cuando se lo dedicamos, lo hacemos de manera digital, con lo que se ha perdido sustancialmente el contacto, la mirada, el abrazo.

El ser humano fue concebido para "relacionarse" con otros, como puede observarse claramente en la maravillosa película *El náufrago* (año 2000, Robert Zemeckis), en la que el personaje, después de un naufragio queda solo y aislado en una isla desierta. Termina haciéndose amigo de una pelota de vóley a la que llama Wilson. Si no lo hubiera hecho, probablemente habría perdido la razón. Los seres humanos fuimos diseñados para "vernos" a través de los otros. Cuando no tenemos a un otro, rápidamente vamos aislándonos hasta perder muchas veces contacto con la realidad. Eso nos está pasando hoy. Sin la mirada del otro, es difícil poder saber quién es uno, para qué sirve y mucho menos sentirse reconocido o valorado.

Mucho de esto se ha perdido en el trabajo. Obsesionadas con la eficiencia y los resultados y ocultas detrás de diálogos vacíos y superficiales, las personas han dejado de "mirarse", de escucharse, de interesarse verdaderamente por el otro. Esto nos está haciendo un gran daño tanto en el trabajo como en la vida familiar. Uno se acostumbra a mandarle un mail o llamar por teléfono a alguien que está en el box de al lado, o a decir por mail o chat lo que no se anima a expresar en persona. Todos se esconden detrás de la pobre excusa de estar tapados de trabajo, cuando en verdad están desorientados porque perdieron la habilidad de distinguir qué es lo verdaderamente importante y qué no lo es.

La frustración, desesperanza y falta de sentido que causa esta disminución en los vínculos hace que las personas hayan perdido más y más el contacto humano y no sepan cómo pedirlo o dónde encontrarlo. Sucede que no lo están buscando en sus familiares ni amigos, sino en el trabajo. Y esto parece ser bastante fácil de entender si pensamos que pasan gran parte de su vida útil en él y que resulta inmensamente más sencillo echarle la culpa a un jefe que no reconoce o contiene que a una pareja que no siente, un hijo que no escucha o un amigo que no tiene tiempo.

Los vínculos en el trabajo y con la propia empresa son más superficiales y efímeros hoy, y es importante recuperarlos para vivir una vida más feliz y plena. Esto seguramente redundará en un aumento de la productividad y la motivación (gente feliz trabaja más y mejor) y una disminución de las ausencias por enfermedad y los problemas de comunicación que están dañando tanto a las empresas.

Es en este ámbito donde las personas buscan lo que pareciera que ya no encuentran en la casa. Contar con líderes que brinden estas cualidades y tengan valores fuertes es indispensable para fidelizar al personal y construir empresas perdurables. Estas características han estado ancestralmente en poder de las mujeres.

3. La incorporación al trabajo de la *Generación Y*

Si bien este punto será desarrollado en el Capítulo 5, queremos manifestar la importancia de que esta es una generación que necesita y busca nuevas y distintas condiciones de parte de sus líderes. Y las reclama directa y abiertamente, si no, se va.

> Hace unas semanas tomé un bus para ir a mi casa y escuché durante todo el trayecto a dos jóvenes de unos 25 años que contaban por qué se habían ido de sus trabajos. Lo más interesante fue tomar conciencia de cómo relataban las diferencias de paradigmas entre ellos y sus jefes. Mientras aquellos les prometían ascensos, más dinero y una preferencia incondicional a favor de ellos, todo a costa de quedarse hasta tarde y faltar lo menos posible, los jóvenes decían que ninguna de esas cosas les interesaban y que ellos habían decidido trabajar porque querían líderes cercanos que no los juzgaran, les enseñaran, los contuvieran, les dieran libertad y entendieran que el dinero y el trabajo no eran sus prioridades.

Estos jóvenes buscan organizaciones que los involucren, integren, motiven, los hagan crecer y desarrollarse y, por sobre todo, que los tengan en cuenta como personas y valoren su tiempo libre. Quieren "vivir" en la empresa. Al contrario de lo que pensaban las generaciones anteriores que aún hoy hablan de balance vida-trabajo y no vida laboral-vida social.

Los líderes con estilo masculino no están preparados para conducirlos porque tienen otros paradigmas organizacionales, laborales y de liderazgo que les dificultan mucho ponerse en el lugar de ellos para entender sus verdaderas necesidades y aprovechar sus mayores fortalezas. Se necesita un estilo distinto, sin lugar a dudas, que deje de juzgarlos o criticarlos y los comprenda y valore.

Pero pocas son las empresas que ya lo han entendido y muchas las que lo ignoran o creen poder satisfacer esas necesidades simplemente dando masajes o colocando una mesa de ping-pong o un videojuego en algún salón.

Si bien estas acciones son valoradas por los empleados, lo que verdaderamente se necesita es inculcar un nuevo estilo de conducción. Un estilo que integre lo mejor de las tres generaciones que conviven hoy en las empresas. Un estilo que incluya y no divida, que comprenda y no juzgue, que enseñe y no se guarde lo que sabe. Una generación mejor de líderes.

4. La mayor valoración de las virtudes de lo femenino que hacen las empresas de hoy

Trabajamos en sociedades cada vez más mediatizadas y politizadas, en las que las personas suelen tomar partido por distintos bandos, sin detenerse a reflexionar por qué el otro dice lo que dice.

El manejo de la información, además, es tan abusivo e inescrupuloso que es difícil conocer la verdad de las cosas. En este contexto, la incertidumbre, la frustración y las discusiones están al orden del día. Dice sobre las mujeres Jackie

Maubré, directora de Cohen Sociedad de Bolsa: "En las discusiones donde nadie tiene la verdad absoluta y a veces las conversaciones suben de tono, podemos aportar el temple, la calma y apaciguar los ánimos absorbiendo la situación".

Este estado de cosas ha hecho que nadie confíe en el otro ni sepa bien dónde está parado, convirtiéndose en parte de una masa de gente dividida, fácilmente manejable por quienes se enriquecen con discursos que esconden un objetivo claro de lucro y poder personal.

Hoy contemplamos sociedades ávidas por ser reconocidas, valoradas y deseosas de incrementar sus bajos niveles de autoestima. Sociedades enteras que buscan a alguien que piense en su bienestar y futuro.

Mientras los líderes con un estilo masculino están cada vez más posicionados en la queja, amparados en todo lo que no está bajo su control, los líderes con estilo femenino, acostumbrados a resolver todo tipo de problemas en el hogar, se ponen al frente y resuelven. Como dice Catalina Hornos, presidente de la Fundación Haciendo Camino: "no quiero quedarme en el lugar de la queja por lo que no funciona, quiero hacer lo que pueda modificar la realidad".

En las entrevistas a líderes con estilo femenino que realizamos, observamos que algunas de sus características fundamentales son la perseverancia, la dedicación, el no bajar los brazos, no resignarse, ni conformarse de ninguna manera. Son luchadores.

Pensando en estas características tan necesarias en las organizaciones y sociedades actuales, fue como nos surgió la idea de investigar qué tipo de liderazgo se requería en ellas y quiénes podrían ser los mejores para ejercerlo.

Rápidamente nos dimos cuenta de que la mayoría de las cualidades requeridas hoy para liderar, surgían más fácilmente en las mujeres. Esto se debe principalmente a que muchas de estas características son innatas en la mujer y están íntimamente relacionadas con su posibilidad de ser madres.

Comenzamos por hacer reuniones grupales con mujeres líderes para recopilar sus opiniones sobre el tema. Hasta que una de las primeras gerentes convocadas, Natalia Gabrielloni, aseveró con firmeza: "Este estilo no es exclusivo de las mujeres, cualquiera puede ejercerlo, es una forma de pensar y sentir y, por ende, de conducir". Así fue como nos dimos cuenta de que, como decía ella, este estilo perfectamente podía ser llevado a cabo por los hombres. En ese momento confirmamos nuestra teoría de que la forma femenina de liderar no es una cuestión de género, sino de actitudes y aptitudes a la hora de conducir. De hecho, conocimos a gran cantidad de hombres exitosos que ejercían el liderazgo con un perfil muy femenino, por así decirlo. Tenían un estilo más contenedor, sensible y humano que los líderes que poseían un estilo preponderantemente masculino.

Pero no nos engañemos: este estilo de índole o características femeninas ha existido siempre en el mundo, solo faltaba experimentarlo dentro del ámbito empresarial.

Liderar femeninamente, una vez más, no es una cuestión de género, sino de personalidad, como dijo Alexia Keglevich, CEO Global de Assist Card, al diario *La Nación*[20]: "Yo creo más en las diferencias individuales en ciertas aptitudes que en las diferencias que muchas veces se señalan entre hombres y mujeres". Es la habilidad que tienen algunos líderes de explotar más su lado femenino que el masculino. Los hombres pueden perfectamente desarrollar estas habilidades, pero en las mujeres, generalmente, son innatas. Aquellas que se comportan de una manera masculinizada, suele ser porque han reprimido mucho una parte muy importante de su propia personalidad, ya que aprendieron que al copiar el modelo masculino tenían éxito de una manera más rápida y segura.

---

20. Rato, A.: "Las CEO, entre ventajas y prejuicios", en *La Nación*, Buenos Aires, 07/03/2010.

Reprimir el costado femenino, sensible, amoroso, es el precio que están dispuestos a pagar hombres y mujeres por progresar en un mundo que todos creen "masculinamente irreversible". En el caso de las mujeres, van reprimiendo sus emociones, su instinto maternal, sus deseos de querer y ser queridas, hasta que aquello que "simulan" generalmente termina transformándose en eso que copiaron. En el caso de los hombres, lo hacen para ocultar sus dificultades para manejar los aspectos emocionales propios y de los demás, no mostrarse débiles, imponer una distancia "segura" con sus seguidores.

Pero los empleados del mundo entero están cambiando lo que desean de sus trabajos y empresas, y con ello están modificando los paradigmas imperantes, creados por líderes con estilo masculino. Los nuevos paradigmas apuntan a disfrutar del trabajo, encontrar en él un lugar de contención y compañerismo, tener líderes que les enseñen y los hagan crecer. Pero por sobre todas las cosas, quieren sentirse escuchados, valorados y tenidos en cuenta.

En conclusión: los empleados del mundo entero necesitan y desean cada vez más organizaciones saludables, sostenibles y productivas, y quienes los lideran se están dando cuenta de que solo pueden satisfacer estas necesidades si cambian su estilo de conducción.

CAPÍTULO 3

EVOLUCIÓN DEL LIDERAZGO FEMENINO EN EL MUNDO

Hay que señalar que este nuevo estilo de liderazgo empresarial ya se vio algunas veces en otros ámbitos en líderes muy reconocidos. Para que se constituyera en un verdadero "estilo" solo faltaba que se le diera un marco conceptual, definir sus características y ponerle un nombre.

En las empresas ha evolucionado este nuevo paradigma de conducción, aunque lamentablemente, y debido a la escasa cantidad de líderes con estilo femenino que hay aún en las cúpulas de poder, quienes llegan hasta ese lugar de privilegio suelen ser muy pocos. Algunos, inclusive, cambian su estilo para adaptarse al entorno. En muchos de estos casos suele verse cómo esas características femeninas que los llevaron al liderazgo terminan perdiéndose.

Pero cada vez son más las organizaciones que fomentan este tipo de conducción a través de sus valores, sus estrategias y sus planes de entrenamiento.

A continuación daremos algunos ejemplos de líderes reconocidos a nivel mundial que fueron abriendo el camino, en distintas disciplinas, a esta forma de conducción.

Madre María Teresa de Calcuta (religión)

Agnes Gonxha Bojaxhiu, oriunda de la República de Macedonia, vivió 87 años al servicio de los más necesitados. Beata y venerada por la Iglesia católica, fue una monja con votos de pobreza, castidad y obediencia; fundó la congregación de las Misioneras de la Caridad en Calcuta en 1950. Durante más de 45 años atendió a pobres, enfermos, huérfanos y moribundos, al mismo tiempo que guiaba la expansión de su congregación (cuyo objetivo era ayudar a los marginados, primordialmente enfermos, pobres y personas que no tenían hogar), en un primer momento, en la India. Era reconocida como humanitaria y defensora de pobres e indefensos.

En la época de su fallecimiento, la orden operaba 610 misiones en 123 países.

Obtuvo el Premio Nobel de la Paz, el más alto galardón civil de la India; el Bharat Ratna, por su labor humanitaria y una decena de premios y reconocimientos de primer nivel, tanto nacionales como internacionales.

En su obra puede apreciarse su innegable devoción por el ser humano, la dedicación, la perseverancia y la entrega. Allí donde nadie pareciera conmoverse por el dolor ajeno, ella luchaba incansablemente contra el hambre, la muerte, las pestes y las guerras.

Una mujer de las más admiradas y apreciadas del mundo. Algunas de sus frases aun recorren el mundo:

> *Jamás he visto cerrárseme puerta alguna. Creo que eso ocurre porque ven que no voy a pedir sino a dar. Hoy día está de moda hablar de los pobres. Por desgracia, no lo está hablarles a ellos.*
>
> *A veces sentimos que lo que hacemos es tan solo una gota en el mar, pero el mar sería menos si le faltara una gota.*

Características femeninas

Su perseverancia, entrega, esperanza, pasión y ternura maternal. Supo tener un propósito de vida y trabajo, ponerse totalmente al servicio de los demás. Su nivel de autoridad era muy importante, infundiendo respeto y admiración a los demás.

Mahatma Gandhi (política)

Fue un abogado, político y pensador indio de los siglos XIX y XX que por defender su ideología de una sociedad igualitaria moriría asesinado a la edad de 78 años, en 1948. Conocido principalmente por reivindicar y conducir la independencia de la India a través de métodos no violentos. Tenía un gran respeto por los seres vivos, las virtudes del vegetarianismo y la tolerancia hacia diferentes formas de pensar, inclusive hacia otros credos y religiones. Promulgaba sus valores religiosos, filosóficos y especialmente políticos.

El llamado "Peregrino de la paz" tenía algo que tocaba los corazones de todo el mundo, incluso de quienes no sabían ni dónde quedaba India, algo en él afectaba a sus vidas. Líder de un quinto de la humanidad, tenía la capacidad de hablarle a una gran multitud como si se dirigiera a cada uno personalmente. Un mártir dispuesto a morir por su país. Planteó su vida como una búsqueda de las verdades últimas. Como líder, tenía una visión que le permitía ver más allá. Provisto de gran sentido de disciplina, amor y un profundo sentido del deber.

Características femeninas

Sobresalían su nivel de tolerancia, respeto, responsabilidad, visión a largo plazo, amor al prójimo y su buen humor. Promulgaba sus ideales con el ejemplo y la firmeza en la convicción. Su carisma y buena comunicación lo mantuvieron al mando de la India durante un cuarto de siglo. Sus convicciones lo llevaban a ser determinista y extremo para negociar y hacer triunfar sus convicciones.

Nelson Mandela (política)

Nelson Rolihlahla Mandela, activista y político sudafricano que lideró los movimientos contra el *apartheid* y que, tras una larga lucha y 27 años de cárcel, presidió en 1994 el primer gobierno de Sudáfrica que ponía fin al régimen racista. Reconocido como uno de los líderes mundiales más carismáticos, en su infancia se aficionó a escuchar a los jefes tribales y tomó conciencia del sentido de la justicia. Un líder nato, reconocido por su extraordinaria personalidad. En 1948 llegó al poder en Sudáfrica el Partido Nacional, que institucionalizó la segregación racial y creó el régimen del *apartheid*. Con su ideología humanista y luchando con métodos no violentos Mandela fue arrestado y liberado varias veces. Su causa: "Acabar con el racismo en África". Nelson Mandela se convirtió en un símbolo de la lucha contra el *apartheid* dentro y fuera del país, en una figura legendaria que representaba el sufrimiento y la falta de libertad de todos los negros sudafricanos. Frederik De Klerk, presidente de la República por el Partido Nacional, liberó a Mandela, que se convirtió en su principal interlocutor para negociar el desmantelamiento del *apartheid* y la transición a una democracia multirracial; ambos supieron culminar exitosamente las negociaciones. Mandela y De Klerk compartieron el Premio Nobel de la Paz en 1993. Mandela se convirtió en el primer presidente negro de Sudáfrica (1994-1999); desde ese cargo puso en marcha una política de reconciliación nacional, destinando grandes cantidades de dinero a mejorar el nivel de vida de los sudafricanos negros en cuestiones como la educación, la vivienda, la sanidad o el empleo, e impulsó asimismo la redacción de una nueva constitución para el país.

Características femeninas

El sentido de justicia, la autoridad, el poder de seducción, la empatía, la confianza en sí mismo, la perseverancia, la valentía y la integridad figuran entre las virtudes más notorias de Mandela. Era un líder que se hacía querer. Infundía respeto y amor.

Tenía un don para escuchar y ponerse en el lugar de los demás.

Dalai Lama (espiritualidad)

Su santidad el 14 Dalai Lama, Tenzin Gyatso, líder espiritual del pueblo tibetano, nació en 1935 en Tibet. Recibió el Premio Nobel de la Paz en 1989 por su constante prédica de la no violencia para resolver los problemas de su país, ocupado por China desde 1959. Es un eximio maestro, reconocido por su gran erudición acerca del budismo, y a la vez profundamente interesado por los hallazgos de la ciencia, con el fin de encontrar puntos en común que sirvan para ayudar a las personas a lograr más paz y felicidad interior.

En sus numerosas giras por varios países del mundo ha recibido incontables distinciones académicas y gubernamentales en reconocimiento a sus cualidades extraordinarias. Algunas de sus frases más notorias son:

Para formar una buena sociedad en este nuevo siglo, tenemos que cultivar dos aspectos: la educación y un buen corazón...

Las tradiciones espirituales pueden fortalecer la ética, pero no deben ser la base de esa disciplina moral; la ética debe estar basada en dos cualidades: el amor y la compasión. Por eso, suelo decir que necesitamos una ética laica sustentada en cualidades innatas del ser humano...

Al leer sus sabias palabras podemos apreciar su fuerte inclinación hacia este estilo femenino de conducción donde se promulgan cualidades tan necesarias para sanar la sociedad, los seres humanos, el planeta, la vida.

Características femeninas

Algunas de las más destacadas virtudes del Dalai Lama son amor al prójimo, escucha, reflexión, paz, educación, responsabilidad global, compasión, reconciliación, promoción del diálogo y los valores. Es reconocido por contestar a preguntas o situaciones difíciles con simpleza y buen humor. Una de las mentes más abiertas del siglo XX, supo conjugar lo mejor de la meditación con el avance de la ciencia.

Papa Francisco (religión)

Jorge Mario Bergoglio nació en Buenos Aires, Argentina, el 17 de diciembre de 1936. Tras la histórica renuncia de Benedicto XVI al cargo papal, fue elegido Papa el 13 de marzo de 2013.

Bergoglio es el primer papa jesuita y el primero proveniente del hemisferio sur. Es el primer pontífice nacido en América y el primero no europeo desde el sirio Gregorio III –fallecido en 741.

Conocido por su humildad, su preferencia por los pobres y marginados y su compromiso de diálogo con personas de diferentes orígenes y credos, Francisco mostró una variedad de gestos pastorales indicativos de sencillez. Al poco tiempo de su elección, en 2013 la revista *Time* lo consideró una de las cien personas más influyentes, incluyéndolo en el grupo de los "líderes", y meses más tarde lo nombró "persona del año". Su fotografía fue portada de la revista internacional *Rolling Stone* en dicho año.

Lavó los pies a enfermos de sida, comió con los pobres. Criticó duramente el capitalismo, el consumismo y la lógica perversa de la economía de mercado.

Domina los idiomas español, italiano, latín y alemán, además de tener conocimientos medios de inglés, francés, portugués, ucraniano y piamontés (dialecto italiano). Realizó su doctorado en Alemania.

Características femeninas

Son muchas las características de liderazgo que podrían mencionarse de él, entre las que se encuentran: devoción por estudiar y aprender, humildad, sencillez, honestidad, coherencia, generosidad, autoridad, amor por el prójimo, sensibilidad por los problemas de los demás, valoración por la vida, visión global, buen humor. Tiene y comparte un objetivo claro y motivador y se muestra como un trabajador incansable. Ejerce un gran nivel de influencia al ponerse al frente de las soluciones y dar siempre el ejemplo de lo que predica. Inspira confianza y credibilidad.

Ángela Merkel (política)

Canciller de Alemania, triunfó en las elecciones de 2013, que le permitieron ejercer un tercer mandato de cuatro años con una mayoría absoluta en el Parlamento, lo cual constituyó, según los comentaristas políticos, una gran hazaña.

Los alemanes la llaman "Mutti", que significa "mamá", fiel a su estilo de conducción. Su misión parece ser la de unir y proteger a sus compatriotas, haciéndolo con sencillez y buscando acuerdos en lugar de enfrentamientos. Sus coterráneos la reconocen como una sabia ama de casa a nivel nacional, que supo proteger la economía del país frente a la crisis del euro, convirtiéndose en el ejemplo más importante de Europa.

Considerada como la líder política probablemente más talentosa de su Generación Y de occidente, Ángela Merkel es una mujer sencilla, totalmente prescindente de la moda y la imagen. Hace las compras, cocina en su casa y viste con simplicidad, dejando ver su aversión por la arrogancia y la soberbia.

Merkel acostumbra analizar los problemas desde varios ángulos, preguntar opiniones y compartir sus decisiones. Ella es, claramente, un símbolo de liderar femeninamente en el mundo.

Características femeninas

Dueña de un estilo maternal, sencillo, humilde y protector, su liderazgo se basa en la búsqueda de unión y consenso, a la vez que no le tiembla el pulso cuando tiene que tomar decisiones drásticas o dar discursos fuertes. Tiene una gran visión global y de largo plazo, es reconocida por meditar mucho sus decisiones y trabajar en equipo.

Michelle Bachelet Jeria (política)

Verónica Michelle Bachelet Jeria, presidenta reelecta de la República de Chile desde el 11 de marzo de 2014. Es médica y política chilena, fue la primera presidenta *pro tempore* de UNASUR, y la primera encargada de la ONU Mujeres, agencia de las Naciones Unidas para la igualdad de género.

Durante la última dictadura militar en Chile perdió a su padre, quien falleció víctima de torturas. Vivió un tiempo en la clandestinidad junto a su madre, luego fueron detenidas por organismos represivos y torturadas hasta que consiguieron partir al exilio. Se formó y estudió. Regresó a Chile y realizó una carrera política de bajo perfil. Fue ministra de Salud y de Defensa, siendo la primera mujer del país y de Iberoamérica en ocupar esas jerarquías. Así, Bachelet se convirtió en una figura de gran popularidad, la que despegó durante el invierno de 2002, cuando graves inundaciones azotaron Santiago tras fuertes lluvias, por lo que hubo un despliegue de las Fuerzas Armadas para ayudar a los damnificados. Bachelet salió entonces a comandar las actividades a bordo de un tanque, cruzaba las calles cubiertas de agua e impartía órdenes a sus subordinados, lo que quedó grabado en la retina de la ciudadanía. La elección de Bachelet como presidenta de Chile marcó uno de los mayores hitos en la historia republicana del país, al ser la primera mujer electa para ejercer el máximo cargo gubernamental. Bachelet fue evaluada entre las mujeres más poderosas e influyentes del mundo. Tras su mandato, asumió como secretaria general adjunta de las Naciones Unidas, con el fin de desempeñar la dirección ejecutiva de la agencia ONU Mujeres. Sin embargo, la ex presidenta se mantuvo como una de las figuras políticas mejor evaluadas por la ciudadanía chilena, lo que motivó su regreso al país y su conocida reelección como presidenta de Chile.

Características femeninas

Es conocida por tener una personalidad relajada, con voluntad de generar acuerdos, un estilo de conducción claro, directo, cercano, firme pero humano. Ejemplo de coraje, superación, persistencia y evolución personal. Fue ministra del mismo ejército que la torturó, un ejemplo para el mundo entero.

Máxima Zorreguieta (realeza)

La argentina que se enamoró ni más ni menos que del príncipe de los Países Bajos, Guillermo Alejandro. Esa relación traería aparejado el desafío no solo de "encantar" a quien luego se convertiría en su marido sino que también tenía que "seducir" a su familia real y al pueblo neerlandés. Ella era una plebeya extranjera que pasaba a ocupar el rol de princesa en una monarquía europea, sin embargo, en muy poco tiempo logró ser vista como alguien "nacido para ocupar ese papel".

Con su carisma, conquistó a la sociedad al punto que revitalizó a la realeza, generando un interés renovado en ella y motivando a toda la sociedad que había empezado a tener "a su cargo". Máxima, que pasó de ser princesa a reina de los Países Bajos, rompió con todos los esquemas monárquicos y dejó en su "camino real" más de una lección que todo líder debería aprender, como su capacidad para formar relaciones, mantenerse fiel a sus creencias y conservar la confianza en sí misma.

Características femeninas

Se trata de una líder empática pero no obsecuente, confiable, positiva y de buen humor, que encara los problemas de frente, con autoridad y decisión, mientras se relaciona con las personas con amor y cercanía, sin perder su propósito. Con un impecable nivel de comunicación, se muestra siempre espontánea y auténtica. Sabe discriminar muy bien por qué batallas vale la pena pelear. Su gran carisma la ha llevado a convertirse en una reina sumamente querida y admirada en muy poco tiempo.

Malala Yousafzai (social)

Es una estudiante, activista y bloguera pakistaní. Ganadora del Premio Nobel de la Paz en 2014 a sus 17 años, es la persona más joven galardonada con ese premio en cualquier categoría.

Nacida en Pakistán, habla pastún e inglés y es conocida por su activismo a favor de los derechos civiles, especialmente de los derechos de las mujeres en el valle del río Swat, donde el régimen talibán ha prohibido la asistencia de las niñas a la escuela. A la edad de 13 años, Yousafzai alcanzó notoriedad al escribir un blog para la BBC bajo el seudónimo Gul Makai, donde explicó su vida bajo el régimen del Movimiento de los Talibanes Pakistaníes (Tehrik e Taliban Pakistan, TTP) cuando intentaban recuperar el control del valle, luego de que la ocupación militar los obligara a salir a las zonas rurales.

En 2012, en Mingora, fue víctima de un atentado por un miliciano del TTP, el cual, después de abordar el autobús escolar, le disparó varias veces con una pistola impactándole en el cráneo y el cuello, por lo cual debió ser intervenida quirúrgicamente. Después de implantarle una placa de titanio y un dispositivo auditivo, Malala regresó a las clases en una escuela secundaria en Inglaterra.

Participó de la campaña para la liberación de las jóvenes nigerianas, secuestradas cuando estudiaban por un grupo islamista que se opone a la educación de la mujer.

Estos son algunos de los premios, nominaciones, obras y reconocimientos destacados con los que fue homenajeada Malala Yousafzai:
- 2011, Premio Nacional por la Paz, por su defensa de la educación de las niñas.
- 2011, nominación al Premio Internacional de los Niños por la Paz.
- 2013, Premio Simone de Beauvoir, Francia.
- 2013, Premio UNICEF de España por su defensa del derecho de las niñas a la educación.
- 2013, Premio de la Paz Internacional Tipperary, Gran Bretaña.
- 2013, Premio Embajador de Conciencia por Amnistía Internacional.
- 2013, Premio Internacional Infantil de la Paz, Holanda.
- 2013, Premio Internacional Cataluña, España.
- 2013, Premio Clinton Ciudadano Global por la Fundación Clinton, Estados Unidos.
- 2013, Premio Peter Gomes de la Universidad de Harvard.
- 2013, Premio Sájarov a la Libertad de Conciencia de la Eurocámara.
- 2013, Premio Nacional por la Igualdad y la No Discriminación del Consejo Nacional para Prevenir la Discriminación de México.
- 2014, Premio Nobel de la Paz "por su lucha para evitar que los niños y jóvenes sean explotados y en favor del derecho de todos los niños a la educación".

Características femeninas

Es una líder de gran coraje, perseverante, comprometida, con pasión y vocación, consciente de las responsabilidades que tiene a su cargo. De gran nivel de autoconocimiento personal, es una líder ecuánime, compasiva, espiritual y generosa, de increíble empuje. Por sobre todas las cosas, Malala encontró su misión en la vida y ha demostrado estar dispuesta a todo por llevarla a cabo.

Silvia "Chiara" Lubich (religión)

Silvia Lubich, joven maestra nacida en Trento, Italia, se consagra como franciscana y asume el nombre de Chiara el 7 de diciembre de 1943, fecha que hoy se toma como inicio del Movimiento de los Focolares. Durante la Segunda Guerra Mundial y por los continuos bombardeos sufridos en su ciudad, todo era ruinas, escombros y muerte. Chiara y sus nuevas compañeras se encontraban en los refugios antiaéreos cada vez que había bombardeos y protegían a otras muchachas. Era fuerte para ellas el deseo de estar juntas, de poner en práctica el evangelio, poniendo a Dios como el centro de sus jóvenes vidas.

Nunca hubiera imaginado en ese momento que tantas personalidades del mundo social y religioso (entre ellas cuatro papas) algunas décadas después iban a pronunciar palabras sumamente destacadas sobre su persona y sobre su familia espiritual. Ni podría haber pensado en los millones de personas que la seguirían en todo el mundo, ni imaginar que su ideario habría de llegar a 182 naciones, que habría inaugurado una nueva estación de comunión en la Iglesia y que habría abierto canales de diálogo ecuménico hasta entonces nunca practicados.

Ha sabido indicar el camino de la fraternidad universal cuando nadie hablaba del acercamiento entre civilizaciones. Ha trazado un camino de santidad religiosa y civil practicable por cualquiera.

Chiara Lubich es el origen del Movimiento de los Focolares. Nació el 22 de enero de 1920 y murió el 14 de marzo de 2008 en Rocca di Papa, rodeada por su gente. Los días posteriores miles de personas, desde simples obreros hasta personalidades del mundo político y religioso, llegaron para rendirle homenaje. El funeral tuvo lugar en la Basílica Romana San Pablo Extramuros, incapaz de contener la gran multitud que acudió a su despedida (40.000 personas).

Características femeninas

Fomentó la inclusión, la unión y el amor al prójimo con un mensaje de paz, amor y esperanza que recorrió el mundo entero. Se la veía como una mujer sencilla, humilde, tierna, empática y decidida. Creía en ella y en su proyecto, pero por sobre todo en los demás. Una persona muy admirada y querida por sus seguidores del mundo entero, infundía respeto y amor.

Juan Carr (responsabilidad social)

Hace 13 años, Juan Carr creó, junto con su mujer y tres amigos, la Red Solidaria, una estructura simple que genera magia cada vez que se lo propone: une a quien necesita con quien puede ayudar. Así de efectiva. Se enteran de alguien que necesita ayuda, la piden a través de los medios de comunicación, y la respuesta no tarda en llegar. En la actualidad, Carr es un indiscutido referente social. Su mayor capital es la credibilidad y una agenda de papel llena de teléfonos útiles: desde el comedor más perdido en el mapa, hasta el celular del empresario más poderoso. Cualquiera que lo ve pensaría que el hombre está acostumbrado a lidiar con el dolor ajeno y, sin embargo, se acerca con profundo respeto al que sufre, como si fuera la primera vez. "El dolor es un gran maestro", dice. Fue elegido como el Emprendedor Social más confiable en la cuarta encuesta anual de Marcas Confiables, realizada por Reader's Digest Argentina. Cree que la revolución solidaria es la única revolución constructiva, edificante, que se hace sin sangre. Su sueño es terminar con el hambre en el mundo, o al menos en la Argentina.

Características femeninas

Es reconocido por su buen nivel de comunicación, su optimismo, credibilidad, responsabilidad y la forma de motivar a sus seguidores proponiéndoles que levanten la mirada, que miren al otro. Tiene un propósito muy claro de ayuda que lo guía en cada acto. Incansable trabajador de los temas sociales más urgentes, llega al corazón de todos a través de su discurso simple y realista.

Sergio "Cachito" Vigil (deporte)

Ha sido durante mucho tiempo el entrenador del equipo de hockey femenino que ha revolucionado este deporte en Argentina. Junto a él, Las Leonas han obtenido los más altos logros a nivel mundial y han logrado sostener el liderazgo deportivo durante muchos años. Se transformaron en fuente de inspiración para los deportistas de todas las disciplinas por su entrega, su compromiso y su imagen de equipo.

Es uno de los técnicos más exitosos de la historia del hockey femenino mundial. En cinco años de competencia internacional ganó dos medallas olímpicas, un título mundial, un Champions Trophy y dos campeonatos panamericanos. Sin embargo, a los 39 años, decidió dar un paso al costado para viajar por el interior y descubrir futuros talentos.

Se ganó el respeto y la admiración de todos. Sin dudas, Vigil es el responsable de esta hazaña. Pero por sobre todas las cosas, a sus dirigidas les inculcó valores de vida. Hoy, más allá de los resultados, Las Leonas son reconocidas por su humildad, respeto y honestidad. Y ellas lo retribuyen asegurando que Cachito Vigil es "su segundo padre". Comenta en una de sus entrevistas: "Lo primero que les dije a las chicas era que si queríamos competir a nivel europeo debíamos entrenar el doble. Si las grandes selecciones lo hacían cinco meses al año, nosotros debíamos hacerlo diez. Así, con mucho esfuerzo y sacrificio, logramos ponernos a su altura".

Características femeninas

Conocido por su personalidad positiva, con un gran nivel de empuje y exigencia, de fuertes valores que se ocupa de inculcar en los demás, de reconocido nivel de humildad, honestidad, respeto y generosidad, tiene la virtud de planificar a largo plazo, de formar grandes equipos y de motivar y reconocer a los suyos. También sabe construir un equipo de grandes talentos con los cuales alcanza un alto nivel de sinergia.

Tuve la fortuna de ver de cerca el accionar y la obra de algunos de estos líderes y quedé maravillado por el efecto motivador y comprometedor que logran en sus seguidores. Son capaces de llevar a cabo, a través de los demás, casi cualquier tarea que a otros les parecería imposible, sin levantarles la voz, ni manipularlos, ni engañarlos, ni "venderles" ningún tipo de mensaje populista. Lo hacen solamente comunicando, con una gran dosis de amor, honestidad y coherencia, la posibilidad de un mundo mejor.

A simple vista podemos concluir que estos líderes tienen un estilo con características de las más variadas, pero relacionadas con una forma femenina de ver el mundo y actuar:

- Un propósito claro.
- Un plan a largo plazo para lograrlo.
- Paciencia, tolerancia y perseverancia.
- Confianza en sí mismos, credibilidad, optimismo.
- Intención real y honesta de cambiar lo que está mal.

- Discurso inclusivo, integrador y solidario.
- Visión global.
- Capacidad de escuchar, motivar y contener a los demás.
- Valoración y amor por sus seguidores y el ser humano como tal.
- Resiliencia frente a los obstáculos.
- Instinto de superación (personal, profesional, ambiental, etc.).
- Sentido de trascendencia.
- Grandes valores: honestidad, humildad, responsabilidad, integridad, respeto, justicia y equidad.

Estas son solo algunas de las características que el mundo comenzó a ver en estos líderes que, como muchos otros, comenzaron a mostrar una forma distinta de sentir y vivir el liderazgo. Durante mucho tiempo, fueron vistos como casos extraordinarios, superhombres dotados de dones que los simples mortales no podríamos nunca tener. Pero hoy, y gracias a su nivel de honestidad y humildad, ellos mismos se muestran cada vez más humanos, para una sociedad que ha entendido que los grandes cambios son conducidos por personas simples que logran cosas pequeñas todos los días.

Hoy podemos ver que verdaderos líderes conducen las organizaciones más variadas, con la firme convicción de estar cambiando el mundo con sus actos.

Un ejemplo claro de ello es el profesor de la Escuela de fútbol del Club Atlético River Plate, Ramón Orlando Gómez, o el "Mono" como le dicen cariñosamente los cientos de chicos que conduce diariamente. Es admirable ver cómo les habla, cómo los tiene individualizados, cómo puede distinguir a varios metros de distancia si el chico que está caído en el piso exagera o está adolorido de verdad, si un chico ese día vino cansado o demasiado acelerado, si es el momento de hacer un partido, una práctica o una charla reflexiva. A todos los maneja con un tono de voz bajo y amoroso, los abraza, los acaricia, les da palmadas, los felicita y realiza todo tipo de gestos que hacen sentir bien a los chicos. Lo hace todo con tanto amor que los niños lo adoran, respetan y siguen, como muchas veces no lo hacen con sus padres. En cada pelea entre los niños, los junta, les pregunta qué pasó, resuelve la disputa, los hace darse la mano como caballeros y después les da un largo abrazo a ambos, dejando impreso en el corazón y la mente de los chicos una forma amorosa de resolver sus problemas. Cuánto mejor sería el clima en las organizaciones empresariales si los líderes resolviéramos los conflictos como lo hace este gran maestro.

Este estilo de liderazgo ya no es una utopía, ya no es inalcanzable, ya no es exclusivo de unos pocos, hoy llegó para quedarse, llegó para cambiar el mundo en el que vivimos. Está creciendo en todos lados, en todo tipo de organizaciones e irá tomando cada vez más fuerza, hasta constituirse como el estilo a seguir por las organizaciones.

CAPÍTULO 4

DIFERENCIAS ENTRE LIDERAR DE FORMA FEMENINA Y MASCULINA

A. Cerebro femenino versus cerebro masculino

Podemos comenzar diciendo que hay vastas investigaciones sobre lo que comúnmente se denomina "mente femenina y mente masculina". Ya desde el inicio el cerebro de un hombre y de una mujer tienen grandes diferencias, lo que origina que uno y otro se comporten de maneras distintas. El cerebro del hombre, que se moldeó durante decenas de miles de años para ser el "macho cazador", difiere del de la mujer "madre protectora de los niños y la cueva y agricultora". Ambos cerebros fueron moldeados a través de milenios por la genética, la naturaleza y el entorno.

Según Carolina Pérez Dueñas:

> *Estas diferencias nos vienen legadas por el estilo de vida de nuestros ancestros, los cazadores-recolectores del Pleistoceno.*
> *El hombre se dedicaba a cazar y traer comida a su familia, desarrollando una gran orientación para localizar a sus presas y traerlas a casa mediante "mapas". Se sentía valorado por su trabajo y no necesitaba valorar las relaciones con los demás. Él era el buscador de comida.*
> *La mujer en cambio aseguraba la evolución de la especie cuidando a los bebés, controlando los alrededores de la cueva, desarrollando una gran orientación en las distancias cortas mediante los puntos de referencia. Con este fin, desarrolló también la percepción de los pequeños cambios en la conducta de los niños y adultos, lo que llamamos el sexto sentido de las mujeres. Ella era la defensora del hogar.*

Los espectaculares e innegables avances de la ciencia contribuyen cada vez más a nuestra comprensión a través del estudio de la genética, la neurociencia molecular y el desarrollo hormonal, entre otras cosas, posibilitándonos conocer cada vez con mayor detalle las enormes diferencias entre un cerebro y el otro.

Dice la investigadora Louan Brizendine:

> *Más del 99% del código genético de los hombres y las mujeres es exactamente el mismo. Entre los treinta mil genes que hay en el genoma humano, la variación de menos del 1% entre los sexos resulta pequeña. Pero esa diferencia de porcentaje influye en cualquier pequeña célula de nuestro cuerpo, desde los nervios que registran placer y sufrimiento, hasta las neuronas que transmiten percepción, pensamientos, sentimientos y emociones. Para el ojo observador, los cerebros de las mujeres y de los hombres no son iguales. Si bien los cerebros de los varones son más grandes en alrededor de un 9%, incluso después de la corrección por tamaño corporal, las mujeres y los hombres tienen el mismo número de células cerebrales, pero en las mujeres están agrupadas con mayor densidad, como embutidas en un corsé, dentro de un cráneo más pequeño.*

Podemos decir para ejemplificar esto que los hombres y las mujeres tienen diferentes niveles de sensibilidad cerebral para enfrentar el conflicto: mientras los hombres tienden a la *agresión* (cazadores), las mujeres tienden al *consenso* (madres). Esto se debe a que utilizan diferentes áreas y circuitos cerebrales para resolver los problemas, procesar el lenguaje, experimentar y almacenar la emoción, al procesar los estímulos originados por los sentidos de maneras muy distintas. Por ejemplo, en los centros del cerebro destinados al lenguaje y la escucha, las mujeres tienen un 11% más de neuronas que los hombres. El principal formador de la memoria y las emociones, el hipocampo, es mayor en el cerebro de la mujer, al igual que los circuitos para la observación de las emociones de los demás. Por ende, las mujeres recuerdan más los detalles y expresan mejor las emociones. Mientras que el hombre tiene 2,5 veces más de espacio cerebral destinado al impulso sexual, la acción y la agresividad, ya que tienen más desarrollada la amígdala cerebral, que registra el miedo y dispara la agresión.

Hasta las ocho semanas de edad, todo cerebro fetal parece de mujer, dado que la naturaleza efectúa la determinación del género femenino por defecto. En los varones, durante la octava semana se registra un enorme flujo de testosterona que convertirá ese cerebro en masculino, al matar células en los centros emocionales y de comunicación y hacer crecer otras en los centros sexuales y de agresión.

Otro ejemplo que distingue ambos cerebros es el hecho de que durante los primeros tres meses de vida las facultades de una niña en contacto visual y reconocimiento facial irán creciendo un 400% más. Las niñas se desarrollan interesadas en la expresión emocional propia y de los demás, basándose en la mirada, el contacto y cualquier otro dato de las personas con las que se relacionan. Así descubren si son valiosas, amadas, valoradas, mientras que el niño no tiene los circuitos bien desarrollados para hacer esa evaluación. El cerebro de la mujer incentiva la necesidad de contacto, de relacionarse, de cuidar y proteger, de incluir, de unir, escuchar y comunicarse. Mientras que el del hombre tiende a dominar, separar, luchar, destacarse, alardear, perseguir objetivos. Mucho de esto también se origina en los efectos hormonales que provocan en uno y otro cerebro los estrógenos (hormonas femeninas) y los andrógenos (hormonas masculinas).

Robert Josephs, de la Universidad de Texas, ha concluido que "la autoestima de los hombres deriva mayormente de su capacidad para mantenerse independientes de los demás, mientras que la de las mujeres se sustenta, en gran parte, en su capacidad para conservar relaciones afectuosas con el prójimo".

A continuación, compartiremos un trabajo de investigación muy reconocido que le permitirá al lector entender mejor las diferencias entre uno y otro cerebro.

1. Hemisferios cerebrales y habilidades cognitivas. En el caso de las mujeres se da un equilibrio en el uso de ambos hemisferios. Por eso, en las habilidades cognitivas hay una mayor tendencia a ser buenos en operaciones matemáticas y cálculo, mientras que las mujeres tienen facilidad para el uso del lenguaje, actividad que requiere el uso de varias zonas del cerebro. Estas diferencias muestran que en el proceso evolutivo las funciones del sistema nervioso de ambos sexos se fueron especializando para preservar el futuro de la especie. Somos diferentes pero nos complementamos.

2. Hormonas en el cuerpo. Los hombres tienen 20 veces más testosterona en el cuerpo, de ahí que su sistema nervioso se exprese en actitudes más agresivas y dominantes, así como que el sexo sea deseado más desde el punto de vista físico. Las mujeres son más delicadas y buscan placeres relacionados con la sensualidad y el afecto.

3. Tamaño del cerebro. También difiere en hombres y mujeres. En ellos tiende a ser un poco más grande, lo que no significa que sean más inteligentes. Los científicos creen que la finalidad de la razón de esta expansión se relaciona más con el volumen de masa muscular masculino, no con los procesos mentales.

4. Sentidos. De igual manera, en los sentidos y la percepción del mundo existen diferencias entre el hombre y la mujer. En el hombre, la vista es la función dominante, la vía por la cual ingresa al sistema nervioso la mayor parte de la información; en las féminas, todas las funciones actúan en conjunto y, como los ciegos, las mujeres tienen muy desarrollados los sentidos del oído, el olfato y el tacto, pero sumados a la visión.

5. Concentración en las tareas. A causa de estas diferencias entre los cerebros del hombre y la mujer, los hombres suelen concentrarse a fondo en las actividades que están realizando sin distraerse en otros aspectos. Las mujeres, por el contrario, observan cada evento del mundo como un dibujo completo con todas sus partes interactuando.

6. Segmentación de la información. En el cerebro masculino la información se separa en grupos o segmentos sin que necesariamente estén relacionados, desde las emociones y las relaciones personales, hasta las de contenido profesional; en el femenino, todo se enlaza como un sistema, por eso las féminas tienden a ser holísticas.

7. Especialización cerebral. Aunque el cerebro del ser humano en general puede realizar muchas tareas y concentrarse en algunas más específicas que otras, lo cierto es que el aparato mental del hombre está más orientado a la especialización, esto es que partes de cada hemisferio se focalizan en determinadas labores; en el caso de la mujer existe una utilización más integral de ambos hemisferios en un número mayor de actividades, lo que se llama multitareas.

Pero es importante entender que si bien el primer principio de la organización y el funcionamiento del cerebro pasa por su estructura y el papel de sus hormonas y neuronas, no podemos ignorar el hecho de que él se "moldea" como resultado de las interacciones que tenemos con el medio ambiente, la educación, la cultura y las personas que nos rodean. El cerebro no es más que una máquina dotada de talento para el aprendizaje y la adaptación constantes.

Por ende, este estilo de liderazgo que utiliza las propiedades de la mente femenina no es exclusivo de las mujeres. Una vez más, nos ocupamos de afirmar que muchos hombres que han desarrollado, tanto desde lo hormonal como de lo neuronal, conexiones en sus cerebros, pueden tranquilamente contar con cualquiera de estas funciones o desarrollarlas. Máxime en un mundo que cada vez más privilegia la afluencia de conductas relacionadas con lo femenino.

B. Liderazgo femenino versus liderazgo masculino

Estos estilos bien diferenciados (femenino y masculino), tienen sus pros y sus contras, por lo que sería ideal encontrar un justo equilibrio entre ambos.

A continuación, enumeraremos algunos de los atributos más comunes de uno y otro estilo de liderazgo.

ATRIBUTOS	LIDERAZGO FEMENINO	LIDERAZGO MASCULINO
Propósito	Ser un gran líder, cumplir una misión, trascender.	Llegar a la meta, ser el mejor, ganar más.
Lealtad	Lealtad a la misión, al proyecto, a los seguidores.	Lealtad a sí mismo.
Resolución de conflictos	Conciliación, consenso y mediación. Búsqueda de intereses comunes. Se involucra emocionalmente.	Confrontación. Búsqueda del provecho propio, la ventaja, ganar. Resuelve y pasa a otra cosa. Es analítico.
Apertura	Se abre a lo nuevo. Experimenta lo diferente.	Se cierra ante lo desconocido. Defiende su postura. Boicotea.
Flexibilidad	Se adapta a las circunstancias. Usa la creatividad.	Trata por todos los medios de mantener el *statu quo*.
Conducción	Incluye e integra a pares y seguidores.	Utiliza la amenaza, división, manipulación o imposición para lograr su objetivo.
Delegación	Enseña cómo hacer las cosas y confía en los demás.	Concentra poder, temor a delegar, infinitas excusas.
Relaciones	Las fomenta. Se pone en lugar del otro. Pero suele criticar y juzgar.	Satisfacción de necesidades propias, relaciones interesadas o muy fuertes y cercanas.
Vínculos	Con honestidad y cercanía logra vínculos a largo plazo.	Distancia, formalidad o cercanía por interés. Solo vínculos auténticos con muy pocos.

ATRIBUTOS	LIDERAZGO FEMENINO	LIDERAZGO MASCULINO
Escucha	Empática, por largo rato, honesta, genuina.	Limitada, marginal, interesada, corta.
Comunicación	Fluida, abierta, descriptiva, emocional, sincera, inclusiva.	Corta, sencilla, racional, básica, esporádica.
Visión	Visión global y a largo plazo. La comparte claramente, la vive diariamente.	Visión parcial y a corto plazo. Cree que todos deberían seguirla. No la expresa claramente.
Feedback al colaborador	Da *feedback* permanente con la intención de ayudar a crecer al otro. También pide recibirlo.	Espera que el otro sepa lo que él quiere. Da *feedback* destructivos o improductivos. Casi nunca lo pide.
Realización de tareas	Multitareas o todoterreno. Puede hacer más de una cosa a la vez. Tiende a excederse.	Se concentra y pone foco en una cosa a la vez. Cada tarea debe ser perfecta.
Negociación	Estilo ganar-ganar. Que todos terminen contentos. Cuida las relaciones. Piensa en el futuro.	Estilo competitivo. Saca el mayor provecho del otro y de la situación.
Crecimiento	Deseos de crecer y aprender diferentes cosas.	Deseos de ascender, ser mejor que el otro, ganar más.
Forma de trabajo	Trabaja en equipo. Consensúa, delega, da libertad de acción.	Trabaja en forma individual.
Manejo de la Información	Comparte la información. Busca mucho antes de decidir.	Oculta la información porque eso le da poder. Se conforma con lo que ve o intuye.
Ejercicio de la autoridad	Dificultades para poner límites. Busca consenso. Evade la situación. La angustia.	Autoridad bien marcada. Límites y reglas claras. Se impone. "Marca la cancha".
Ejecución	Detallista y minucioso. Suele demorarse u olvidarse.	Práctico y ejecutivo. Termina a tiempo.
Toma de decisiones	Lenta, en búsqueda de consenso. Evalúa todas las opciones. Busca información.	Decisiones individuales y rápidas. Toma solo la información que le sirve. Nunca se arrepiente.

ATRIBUTOS	LIDERAZGO FEMENINO	LIDERAZGO MASCULINO
Forma de motivar	Compromete a los demás, busca que se hagan cargo. Da el ejemplo, seduce.	Impone desafíos y hace crecer haciéndolos responsables o intimidando.
Desvinculaciones	Le cuesta tomar la decisión. La sufre y esquiva. Gran angustia.	Decide de manera racional sin emocionarse. Lo usa de ejemplo.
Planificación	Coloca a la persona por sobre la planificación. Es flexible y se adapta al cambio.	Ejecuta la planificación al pie de la letra. Metas muy ambiciosas. Caiga quien caiga.
Modelo de pensamiento	Orgánico, de red, conectivo, focalizado en el proceso.	Lineal, racional, focalizado en el resultado.
Protagonismo	Se da a conocer a través de sus acciones y las de su equipo. Habla en plural. Se muestra humilde.	Trata de resaltar y hacerse ver por encima de los demás. Habla en singular. Se muestra egocéntrico.
Riesgos	No se arriesga fácilmente, mide muy bien las consecuencias de todo tipo. Duda.	Se arriesga más, sin evaluar tanto las consecuencias. Lo motiva.
Procesos y políticas	Su estilo creativo de trabajo disminuye con ellos.	Los necesita para hacer su trabajo sin desordenarse.

Como puede apreciarse en el cuadro, no hay un estilo que sea mejor que el otro. Son complementarios. Lo que sucede es que en momentos de crisis global o cambios generacionales violentos, como los que se viven, parece mejor contar con un liderazgo femenino que vea a largo plazo, ponga paños fríos, consensúe decisiones e involucre e integre a sus seguidores.

En la crisis de valores en la que estamos inmersos a nivel mundial, el liderazgo con estilo masculino tiende a hacerse rígido, desordenarse y privilegiar su propio interés, mientras que el femenino se adapta. La mentalidad femenina por naturaleza se muestra más abierta y flexible, por lo que está más preparada para resolver situaciones importantes de cambio.

Mientras el estilo masculino busca "racionalizar y elaborar una respuesta acorde", la mentalidad femenina elabora emocionalmente "respuestas posibles y sanas" que resuelvan la situación. Mientras el primero utiliza la fuerza, el poder o la manipulación para forzar el cambio de una realidad negativa, el segundo trata de jugar con la realidad existente, amoldándose lo mejor posible a ella.

Al observar el mundo de una manera más global y abarcativa, estos últimos líderes no se desorientan fácilmente, se angustian menos por los obstáculos que se presentan en el camino y buscan formas diferentes de resolverlos para continuar con su cometido. Privilegian el bienestar de su equipo, al punto de llegar a cambiar la meta fijada si fuera necesario.

El líder con mentalidad femenina consensúa con sus seguidores cómo encarar los cambios antes de hacerlos. Esto le da la autoridad para conducir luego la decisión a la que arribaron todos juntos haciéndolos sentir protagonistas y responsables de su ejecución.

Para algunas situaciones, servirá más el estilo femenino, y para otras, el masculino, dependiendo del momento, las personas involucradas y los intereses en juego. Por ejemplo: en la negociación, "la mujer es más flexible que el hombre a la hora de negociar. Nos vamos contentas si logramos algo positivo, sin importar lo que alcanzó el otro", reflexionó Fabricia Degiovanni en el Evento de Mujeres Líderes organizado por *La Nación* y Accenture el 30 de junio de 2015. Lo importante es fomentar este nuevo y distinto estilo, para que el líder pueda elegir cuál utilizar y no sea prisionero de algo que vio desde que entró en una empresa y nunca nadie le dijo que se podía cambiar.

CAPÍTULO 5

LIDERAZGO FEMENINO Y GENERACIÓN Y

Hace un par de años, en uno de los desayunos para líderes que hacemos en la consultora, trabajamos el tema de la Generación Y con uno de nuestros especialistas. Luego de explicar las características de esta generación, un empresario muy exitoso que estaba allí dijo: "Yo no los aguanto ni los entiendo, así que nunca los voy a contratar en mi empresa". Muchos otros que estaban allí asintieron con la cabeza. Nosotros solo tratamos de ayudarlos a tomar conciencia de que su incorporación en todos los ámbitos de una empresa no es una cuestión de gustos, sino de tiempo. En muy pocos años, la gran mayoría de los empleados, clientes y proveedores del mundo van a pertenecer a esta generación, por lo que es mejor adaptarse lo más rápido posible, aprender a convivir con ellos y aprovechar sus fortalezas en pro de la empresa.

Pero para ello es imperativo realizar un cambio rotundo en la forma de liderar de muchas empresas que aún continúan ejerciendo un estilo de liderazgo paternalista, autoritario y solitario, asociado a lo masculino.

Al 65% de los empleados del mundo, que actualmente pertenecen a la Generación Y (entre 17 y 35 años aproximadamente), les importa, a la hora de elegir una empresa donde trabajar, que tenga buena reputación, sea socialmente responsable, cuide el medio ambiente, tenga flexibilidad laboral y favorezca un sano equilibrio entre su vida personal y laboral[1]. Pero esto último no puede lograrse si no se deja que lleven su vida personal consigo al trabajo. Son jóvenes que quieren "vivir" en el trabajo, diferente de la forma de pensar de las generaciones anteriores que vivían para trabajar y creían que lo único importante era llegar a ser gerente o ganar más dinero.

Debemos tener en cuenta, para entender sus estilos y necesidades, que son jóvenes que por lo general no han tenido padres autoritarios, ni exigentes, ni machistas, o muy devotos de sus trabajos, lo cual rechazan, como para querer o aceptar tener jefes que sí lo sean.

Desde este punto de vista, podríamos decir que la generación de los *Baby Boomers* tuvo padres con un estilo muy masculino, distante, en el que el padre proveía y la madre cuidaba el hogar y la familia; la Generación X tuvo padres con un estilo mixto, con madres que ya comenzaban a trabajar y profesionalizarse, con padres que vivían para el trabajo pero le dedicaban tiempo a la familia. Mientras que los de la Generación Y tuvieron en general padres con estilo más femenino, donde las emociones se hacían manifiestas, el trabajo ocupaba un lugar secundario, los dos trabajaban por igual, el hombre hacía quehaceres domésticos y el ejercicio de la autoridad era compartido.

Para conducirlos, entonces, los líderes necesitan desplegar, de alguna manera, sus condiciones femeninas, tales como la escucha, la contención, ponerse en el lugar del otro, entre otras. Estos jóvenes, como sostiene María Amelia Videla, directora de Manpower Group Argentina, "demandan más **cercanía**, **interacción**, **innovación**, **trabajo en equipo** y además les gusta **ser escuchados** y trabajar con **autonomía**".

Cuando estudiaron a Google, una de las marcas más atractivas del mundo y símbolo de éxito de la Generación Y[2], descubrieron que lo referido a la tecnología ocupaba el octavo

---

1. Urdinez, Micaela: "El foco en la persona", *La Nación*, 5/7/2014.
2. Ibídem.

lugar en las prioridades de la gente. Las primeras cuatro hacían referencia a características del estilo femenino, como ser: convertirse en un **buen coach, preocuparse por el otro**, mostrar **interés en su desarrollo** y su **bienestar** y saber **escucharlo**.

Siguiendo con esta línea de pensamiento, según un relevamiento realizado por Great Place To Work[3], los cinco aspectos que más valoran positivamente los empleados menores de 35 años de edad son: **bienestar** (un lugar amigable y entretenido para trabajar), **honestidad y ética** de los líderes, **relaciones interpersonales** (la posibilidad de ser uno mismo en el trabajo y que todos se preocupen por los demás), la posibilidad de **hablar** y **ser escuchado** y la **bienvenida**. Todas características que podríamos definir como femeninas, muy distintas de las características masculinas de ambientes de trabajo reducidos y poco amigables, cero importancia a las relaciones y los vínculos, estilo comunicativo corto y unidireccional, y la cultura de hacerse solo y a los golpes que aún hoy es tan utilizada.

"Los jóvenes también tienen un fuerte espíritu **solidario**, están metidos en las ONG como voluntarios. La vida es una experimentación permanente y esa identidad del ser se va construyendo con las actividades que realizan día a día, también en el trabajo", dice Javier Casas Rúa, de PwC Argentina[4].

Tampoco esta es una característica de las empresas con estilo masculino, en las que "el otro" solo toma importancia cuando se lo "necesita" para algo. El entorno, la sociedad, la familia son cosas que les interesan menos a este tipo de líderes. Están muy focalizados en producir y mejorar a cualquier costo.

Otro de los factores que llevan a la Generación Y a elegir dónde trabajar es el grado de **participación** y **autonomía**

---

3. Ibídem.
4. Ibídem

que pueden llegar a tener. Aspiran a ser escuchados por sus líderes, **participar en la toma de decisiones**, tener jefes que los ayuden a **desarrollarse**. También que las estructuras organizacionales sean **flexibles** y lo más **horizontales** posible. Evidentemente, estos son rasgos femeninos, de líderes que desean ver crecer a sus seguidores, que quieren involucrarlos en las decisiones, que los dejan actuar para que aprendan de sus errores pero mirándolos de cerca. En cambio, el estilo masculino de liderazgo tiende a acaparar poder, a involucrarse en todo, a tener todo bajo control, a decidir hasta la más mínima cosa, a no dejar crecer y mucho menos enseñar o compartir el conocimiento o la información. Por eso se vuelven empresas verticalistas.

Por último, y no por eso menos importante, les interesa la **sustentabilidad** de la empresa, la veracidad de su **Propósito** y sus **Valores**. Empresas que realmente crean en sus enunciados de Misión y Visión, que promulguen y hagan respetar sus Valores y que les hagan sentir que lo que hacen trascenderá las fronteras de un simple resultado económico a fin de año.

> *Cuando en Pharus trabajamos con los líderes de las empresas, el nuevo diseño de sus organizaciones, y hacemos que todos pinten, canten, dibujen, hagan escultura o cualquier otro tipo de actividad lúdica [relacionada] con el Propósito, los Valores o cualquier aspecto del Modelo de Negocio, podemos ver claramente cómo la misma gente los "adopta como propios" y por primera vez, en la mayoría de los casos, el personal recuerda, siente y transmite esos conceptos, cimientos de la identidad de la empresa y de ellos mismos también.*

Ahora la pregunta es: ¿están los líderes de la Generación X y los *Baby Boomers*, preparados para satisfacer los deseos y necesidades de estos jóvenes? Ciertamente NO. Lejos de darse cuenta de que este estilo "masculino y distante" tiene ya fecha de vencimiento, se dedican en general a juzgarlos y criticarlos, sin darse cuenta de que su forma de ver el trabajo puede ser mucho más inteligente y sana.

Si bien todavía no se han evaluado sus resultados por el poco tiempo transcurrido, ya puede verse que estos jóvenes no se toman el trabajo de la misma manera y mucho menos sacrifican su vida social o familiar por él, como lo han hecho las generaciones anteriores. Clarisa Estol, una de nuestras líderes femeninas entrevistadas, hace referencia a este aspecto al decir: "Hay estudios sobre los milenials como nueva generación, y lo primero que se destaca es que cuando hacen un ranking de las cosas que son importantes para cada generación, en ellos el trabajo está en sexto lugar, porque antes ellos priorizan el ser felices, tener una buena familia, el ecosistema, muchas otras cosas antes del trabajo". Y comparte con nosotros: "El otro día un hombre de negocios me contó: "Tengo un empleado que me renunció por mensaje de texto. No existe, esto no se hace así. Yo traté de explicarle que tenía que mandarme un telegrama, pero no te entienden". Comenta que "otros chicos ya en las entrevistas laborales te dicen: 'Ah no, yo sino puedo tomarme un mes para hacer surf en Ecuador, no acepto'".

Está claro que tienen otras prioridades, no existe más el *lifetime employment* de trabajar 40 años en la misma empresa. Ahora el sentido de pertenencia es distinto, como lo es el orden de prioridades o el nivel de compromiso. Lo que resulta interesante es que en estos momentos se está dando un gran choque intergeneracional porque hay tres generaciones distintas que coexisten en el ámbito laboral.

Como definición, se considera que una generación es la diferencia entre padres e hijos, generalmente de 25 años, aunque actualmente, a pesar de que las diferencias entre padres e hijos son mayores porque la tendencia es que los hombres y las mujeres tengan hijos mucho más tarde, tenderíamos a decir que las generaciones se han extendido, pero lo que pasa es que el cambio entre una generación y otra también lo marcan la tecnología y la realidad en la que viven. Por lo tanto, es muy distinto, por ejemplo, si uno tiene un hijo de 20 años y uno de 3; el de 20 no es nativo digital y el de 3 sí; tienen realidades muy distintas. En resumen, la tecnología ha hecho que se acorten las generaciones a pesar de que biológicamente los padres están más lejos de los hijos y, por lo tanto, las generaciones hoy tienen 15 años de diferencia en vez de 25, y entonces, en un trabajo pueden estar coexistiendo tantas generaciones con distintas formas de ver la vida y distintas prioridades.

El concepto del empleado sumiso que solo era visto por los directivos como una simple herramienta de trabajo está muriendo en el mundo occidental. Y poco a poco se comienzan a ver también cambios significativos en la forma de pensar de los empleados en países como China o Japón.

Por ello, es vital que los líderes se den cuenta de que el enorme cambio en la forma de conducir que hasta hace poco se avecinaba hoy ya constituye una verdadera e impostergable demanda de sus liderados y los obliga a desarrollar sus habilidades femeninas.

A juicio de Hay Group[5], las compañías que miran el futuro han ampliado la visión de sus responsabilidades hacia las expectativas éticas de sus propias fuerzas de trabajo, y de las sociedades y entornos en los que operan, promoviendo esta actitud cuando se trata de contratar personal. "Los profesionales jóvenes están esperando más de las organizaciones, quieren que establezcan un propósito y tienen un fuerte vínculo con la responsabilidad social y el trato con el medio ambiente", dice Patricia Gautier.

Aún existe una falencia importante en América Latina y se ve en el equilibrio trabajo-vida social. Del top 10 regional, solo el 44% de las empresas son flexibles y lo promueven, versus el 100% de las top 20 mundiales. "Esto quiere decir que falta mucho todavía por hacer en la región", señala Gautier.

---

5. Osorio, M.: "Ranking de empresas que más promueven el liderazgo en la región", en http://mba.americaeconomia.com/articulos/reportajes/ranking-de-empresas-que-mas-promueven-el-liderazgo-en-la-region, 14/6/2011.

Según Emilio Del Real, "cualquier empresa exitosa debe trabajar por mantener un buen clima laboral, y esto es imposible si el trabajo no concilia con la vida personal de cada trabajador".

Como conclusión, podemos afirmar que esta generación, y probablemente con más fuerza las que vienen detrás, necesitan un estilo de liderazgo como el que venimos describiendo. Es difícil imaginar otra cosa.

CAPÍTULO 6

LA MENTE FEMENINA SE DESARROLLA, TRANQUILOS

Haber tenido algún referente muy cercano con características de personalidad femeninas del que haber aprendido, ciertamente es una garantía de éxito en la práctica de este estilo. Por ejemplo, si un empleado tuvo durante algunos años un jefe empático, contenedor y con un muy buen nivel de escucha, que logró resultados importantes con ese estilo, seguramente ese empleado tenderá a repetir la forma en la que vio liderar con éxito a su jefe. Ni hablar si este ejemplo fue visto en los padres o algún otro referente tan importante como ellos en la niñez.

La mentalidad femenina es una forma de ver el mundo, de sentir y actuar relacionada con las características de personalidad que venimos desarrollando en esta obra, que les es más fácil de adquirir a las mujeres, pero no por ello son las únicas que pueden heredarla o desarrollarla. Padre o madre con perfil femenino del cual haber aprendido allana el camino, pero no es la única forma de adquirirlo.

Sea que uno haya heredado ciertas características, las haya visto en sus padres o referentes familiares o las haya aprendido de algún líder que lo marcó, igualmente es sabido que la carrera del liderazgo lleva toda una vida. Adquirir y/o perfeccionar cada una de las habilidades de este estilo no es tarea fácil. Pero esto no es óbice para que todo aquel que lo desee pueda embarcarse en este interesante recorrido de aprendizaje.

Una de las claves para desarrollar esta forma de conducir es identificar los modelos a seguir, observar cómo lideran esas personas y aprender de ellas. Es siempre más sencillo tratar de aprovechar el camino exitoso que ya realizó otro líder en el desarrollo de sus habilidades femeninas que ponerse a experimentar con el propio equipo.

Una diferencia cada vez más notoria entre líderes con estilo masculino y femenino es que los segundos se preparan y capacitan mucho más. Esto es debido a que suelen ser más conscientes de la enorme *responsabilidad* que conlleva un puesto de liderazgo y confían más en el desarrollo constante de sus conocimientos y experiencias que en los resultados de una gestión política incierta y cortoplacista.

Para el desarrollo de cada una de las habilidades del liderazgo femenino se pueden hacer ejercicios. A continuación, compartiremos con el lector algunos de ellos.

a. Ponerse en el lugar del otro

Ciertamente no es nada fácil para un líder con mentalidad masculina ponerse en el lugar del otro. Esto significa, para ellos, una pérdida inútil de tiempo y energías. Pero hay que entender que se trata de un paradigma del siglo anterior. Hoy en día, los empleados se han acostumbrado llevar sus problemas personales, sus dudas existenciales y sus angustias al trabajo y esperan que su líder los escuche, los entienda y los apoye.

Para escuchar a un empleado, es vital tratar de ponerse en su lugar desde lo emocional y lo racional con todos los sentidos, sin juzgar ni criticar sus comentarios, con una escucha atenta y no marginal o evaluativa.

> *En un entrenamiento anual de Pharus conocí a un líder al que todo su equipo quería mucho por el grado de empatía que tenía con ellos. Se trataba de un equipo muy exitoso y reconocido en la compañía. Una vez, en una charla con él, me manifestó que sentía que su función era "sostener y*

contener" a su equipo, porque eran ellos los que verdaderamente hacían el trabajo. Sabía lo que necesitaba, le pasaba y anhelaba cada uno de ellos. Sabía identificar, por la cara con la que entraban a la oficina cada mañana, qué debía darle a cada uno para que estuviera mejor.
Un día, yendo para el trabajo, un auto que cruzó en contramano lo atropelló. Fue internado, al borde de perder la vida. Su equipo quedó conmocionado. Cuando al fin recuperó la conciencia lo fueron a ver y le preguntaron qué necesitaba. Les contestó que extrañaba mucho saber sobre ellos y en qué podía ayudarlos. Ante el asombro de los empleados y sabiendo que su resultado como equipo había caído mucho, les pidió que hicieran un esfuerzo en su ausencia y volvieran a obtener los grandes resultados que los habían distinguido. Si bien el desempeño del equipo luego de un tiempo fue superlativo, lo interesante es apreciar cómo, en el momento más difícil de la vida de ese líder, se puso en el lugar de sus seguidores y entendió que lo que necesitaban para estar bien era volver a ser el equipo que él mismo había creado. Tiempo después me confesó que no se lo pidió por él, ni por la empresa, se lo pidió porque sabía que era lo que ellos necesitaban escuchar.*

Las personas deben sentir que su líder los "abraza" emocionalmente, que está ahí por ellos, para ayudarlos, para comprenderlos.

En todo momento, al ponerse en el lugar del otro, el líder debe mantener su lugar de autoridad sin perder la compostura. Se puede ser amoroso y contenedor sin ponerse a llorar con la otra persona, momento en el que la autoridad se desvanecería y podrían confundirse con rapidez los roles. El líder entra y sale de la situación, escucha y pregunta, se acerca y toma distancia, pero nunca pierde el rol de conducción que tiene dentro del equipo.

Ejercitación

1. Un primer paso para ponerse en el lugar del otro es comprender el nivel de importancia que tiene esto para los empleados de hoy. Entender que si uno no los escucha, no los contiene, no los ayuda, sus resultados cada vez estarán más lejos de sus verdaderas posibilidades. Hay que tomar conciencia de esto.

2. El mejor ejercicio para ver si uno se está poniendo en el lugar del otro lo suficiente es estar atento a sus miradas, gestos, contestaciones y silencios, con el fin de identificar si se está sintiendo contenido o enjuiciado. Al principio, el empleado no tendrá la suficiente confianza con el líder para manifestárselo directamente, pero si el líder se abre al diálogo con verdadera voluntad de escucha, el seguidor se abrirá con él.
3. Establecer reuniones cortas de *feedback* en forma periódica. Esto no puede ser hecho en el pasillo o la cocina, mientras se corre hacia otro lugar o se espera a entrar en una reunión. Es importante que la persona sienta que a uno le interesa de verdad lo que le sucede, que buscó el lugar y está tomándose el tiempo para escucharlo, que está ahí con todos sus sentidos.
4. Si se trata de una persona con la que no se tiene afinidad o no se comparten ideas o formas de trabajo, tan solo recuerde que usted eligió liderar y esa persona frente a usted es su responsabilidad. No se puede elegir liderar a unos sí y a otros no. Esa es una conducta facilista que excluye. Hay que superarla.
5. Si se trata de un colaborador desmotivado, póngase como objetivo hacerle preguntas hasta identificar qué lo motiva. Si lo logra, encontrará la llave para hacer feliz a esa persona. Hágalo, ¡vale la pena!

b. Escuchar atentamente

El solo hecho de escuchar de manera abierta, sincera y paciente ya representa una gran ayuda para quien es escuchado. Hacer las preguntas adecuadas le permite al otro exteriorizar sus emociones, ordenarse, verse a sí mismo frente al problema.

Las preguntas, ya sean reflexivas, circulares o simplemente indagatorias, deben ser confeccionadas pensando en conocer más acerca de la otra persona, mejorar el nivel de vínculo que se tiene con ella y ayudarla a reescribir su discurso, buscando aristas positivas de su historia, que no pudo encontrar por sí misma. Nunca debe preguntársele algo con la intención de meterle una idea en la cabeza, para mostrarle que uno sabe más que él, o para manipularlo de alguna manera. Esta es la forma más certera de perder la atención del otro y ganarse su desconfianza.

Es difícil para un líder con estilo masculino mantener el poder de atención por más de unos minutos, por lo que recomendamos escribir lo más importante que dice el otro, no interrumpir hasta que termine, mirarlo a los ojos y de vez en cuando hacer una aseveración confirmando que se ha comprendido bien lo dicho por el otro.

Cuando le consultamos en nuestra entrevista a Clarisa Estol, ex presidente del Banco Hipotecario, qué era lo mejor que había hecho como líder, ella nos respondió:

Creo que escuchar. En el año 2003 me eligieron presidente del banco y, como me pasa muchas veces, hice algo cuya verdadera motivación pude entender mucho tiempo después. Una de las primeras decisiones que tomé como presidente fue que quería entrevistar al equipo, entre tres y cinco empleados por día. Yo quería conocerlos y poder saludarlos. Entonces, en Recursos Humanos elegían con un bolillero, un día le tocaba al mozo del quinto piso, otro día al gerente de Marketing, todo al azar, y aunque ya los conociera, los entrevistaba igual. En estas reuniones hablábamos de temas en general, el objetivo era conocerlos y saber quiénes eran. Me fui dando cuenta de que me daban un montón de información sobre cada uno de los distintos sectores donde trabajaban. Entendí que a muchos los podía ayudar con muchas cosas; por ejemplo, a uno que no se sentía cómodo con su trabajo porque estaba subutilizado y a veces le daba vergüenza decir que en muchos momentos no tenía nada para hacer, entonces lo pasé de sector, a Finanzas, y tuvo una carrera fantástica, se fue a estudiar afuera a los dos años, hizo un posgrado. Mi mayor virtud es atar puntas, me suena que alguien dijo algo y ato puntas. Pero para ello necesito información y esa recolección de información de tres a cinco personas por día hizo que cada punta se juntara con la otra y yo las atara, fue muy útil. Pero para atar necesito información y para tener información necesito escuchar, entonces por eso yo escucho más de lo que hablo y a partir de ahí elaboro.

Ejercitación

1. Escuchar al otro mirando a los ojos, sin dar opiniones, ni hacer juicios y mucho menos dar sermones. Pedir ejemplos y aclaraciones. Anotar lo más importante.
2. Planificar y hacer buenas preguntas, que tengan el solo objetivo de permitir que la persona adopte una mejor visión global, positiva y esperanzadora de lo que le sucede.
3. Solo siéntese a escuchar las necesidades del otro cuando tenga el tiempo y la predisposición adecuados.
4. Por último, es importante despedirse, comprometiendo a la persona a que se acerque si vuelve a necesitar conversar, preguntarle de vez en cuando cómo está y quedar atento a sus comportamientos, miradas y gestos.

c. Comunicarse asertivamente

Si bien poner límites es una de sus mayores falencias, el líder con mentalidad femenina sabe muy bien cómo decir "no" sin ofender o agredir al otro. Lo hace de una manera cuidadosa y pendiente de no afectar sus emociones. Primero porque lidera con amor, y segundo porque sabe que un empleado resentido baja mucho su rendimiento y deteriora al equipo.

El líder debe pensar con la debida anticipación cuál es la mejor manera de decirle "no" a cada empleado. A veces, un no certero y acompañado de una mirada a los ojos sirve para que la persona entienda el mensaje, pero luego debe preguntársele si ha entendido bien, porque no se quieren esas conductas o formas de actuar en el equipo. De lo contrario volverá a incurrir en el error.

Para ser asertivo, deben elegirse muy bien las palabras, repetir la idea fundamental que se quiere dejar instalada, explicar lo que sucederá si no se cumple el pedido o si el líder no es escuchado y preguntarle al otro qué opina sobre lo dicho. Esto último se utiliza para ver si se ha entendido el mensaje.

> *Una vez entrené a la dueña de una empresa que todo el tiempo se quejaba de las cosas que dejaban de hacer sus dos hijos, gerentes de la firma. Cuando le pregunté si esto le pasaba cuando ellos eran chicos me confesó que sí, que nunca había podido ponerles límites, ni pedirles lo que ella necesitaba con claridad. Le di a leer* Límites sanadores, *de Anselm Grun. Reflexionó sobre ello y entendió que al no decir claramente lo que quería, por miedo a lastimarlos o perder su amor, todo el tiempo los estaba juzgando por sus errores, lo cual era peor. Luego de unos cuantos* role playing *se animó a hacerlo. Los hijos se lo agradecieron mucho y le manifestaron que hacía tiempo que le pedían que ella les dijera bien claro y asertivamente qué esperaba de ellos.*

Ejercitación

1. Piense bien lo que va a decir y escríbalo en un papel para que su inconsciente lo visualice y lo grabe.
2. Si le cuesta hablar claramente practique cómo le dirá lo que quiere al otro varias veces frente al espejo hasta que le salga convincente.
3. Diga lo que tenía que decir, ni una palabra más. No se vaya por las ramas o perderá fuerza. Hable directo y concisamente.
4. Si tiene que decir "no" a algo, explique muy bien las razones de ello.
5. Mire a los ojos al otro en todo momento, para no perder autoridad y poder evaluar sus reacciones no verbales.
6. Luego de la reunión, observe al empleado durante un rato para asegurarse de que no esté dolido o angustiado, y vuelva a sacar el tema en algún momento para chequear que ha quedado claro.

d. Conducir con apertura y flexibilidad

Para desarrollar estas habilidades hay que comenzar por poder entender en qué circunstancias uno se muestra más cerrado y rígido. Lo mejor es preguntárselo al equipo que lidera, a los colegas con los que se relaciona y a las personas más cercanas. De allí identificar las causas que lo provocan, las emociones que se involucran y finalmente las reacciones de los demás que ocasionan que usted se cierre.

Buscar las causas por las que el líder se cierra es el punto de partida para abrirse al cambio, a las opiniones distintas y a los más jóvenes. Luego, deben hacerse ejercicios que posibiliten adoptar puntos de vista, conductas y respuestas distintas de las que venía desarrollando. La adopción de una mayor apertura y flexibilidad origina a la persona un sinnúmero de alternativas de miradas distintas, muy enriquecedoras y útiles para entender las situaciones y la consecuente resolución de los problemas.

Al principio, cuando uno busca hacer ejercicios que lo ayuden a ser más abierto y flexible, aparecen toda clase de juicios acerca del objetivo de estas actividades y su efectividad. Luego surgen juicios sobre la propia falta de habilidad personal para llevarlas a cabo. Es el inconsciente que se ve amenazado por el cambio y se defiende. Pero si uno persiste en la práctica, rápidamente irá acostumbrando su cerebro al cambio constante, y con ello, a estar más abierto y flexible a lo nuevo, características eminentemente femeninas.

En el trabajo, todos tenemos innumerable cantidad de hábitos que repetimos de manera inconsciente cotidianamente. Empezar por cambiar algunos de ellos es un interesante desafío de apertura.

Ejercitación

1. Recomendamos comenzar con pequeños cambios de hábitos. Por ejemplo, lavarse los dientes con la mano menos hábil, acostarse del lado de la cama contrario al que uno acostumbra, cambiar la televisión por una nutrida lectura, mejorar el hábito alimenticio, jugar a algún deporte con la parte del cuerpo menos

habilidosa, como por ejemplo patear con la izquierda para los diestros.
2. También viajar a sitios que le parezcan insólitos, diferentes, inéditos, y conversar con la gente del lugar. Entender su forma de pensar, de vivir, de sentir, de amar.
3. Hacer un listado de las 10 cosas que nunca hizo por "juzgarlas" inadecuadas y hacerlas una a una, reflexionando ante cada una acerca de sus beneficios y ventajas.
4. Verse a sí mismo juzgando o criticando a otro y preguntarse por qué el otro lo hace. Luego poner en tela de juicio la propia forma de pensar o hacer esa misma cosa.

e. Buscar el consenso de los demás

Abrir las decisiones a la opinión y voluntad de los demás puede significar un riesgo para quienes están acostumbrados a tomar todas las decisiones sin consultar, pero deben saber que si lo hicieran su visión sería mucho más amplia, y la motivación y el compromiso de sus empleados mucho mayores.

Quienes no suelen buscar el consenso de sus seguidores se justifican en creencias tales como "no tengo tiempo para consensuar", "mi equipo no está preparado para eso", "me saca muchísima energía hasta que todos nos ponemos de acuerdo", "van a creer que no me animo a tomar la decisión", "¿y si deciden entre todos algo que yo no haría?". Todas presuposiciones que generalmente hacen los líderes que no han practicado nunca la búsqueda de consenso o que lo han hecho sin obtener buenos resultados sencillamente porque no saben cómo hacerlo, o simplemente porque han querido imponer su opinión.

Por otro lado, no todas las decisiones deben someterse al consenso del equipo. Solo las que pueden verse enriquecidas con la mirada integral, global y objetiva de los demás. Sobre todo, las más estratégicas o que involucran al equipo.

Si se trata de una decisión estratégica, en cuyo caso el líder debe compartir sus ideas al respecto, tomarse el tiempo para hacerlo y dejar claro que él tendrá la última palabra. O, de referirse a una decisión táctica, puede realizar ejercicios como el *brainstorming* o el *mindmapping* y fomentar la generación de miradas y opiniones distintas que enriquezcan la decisión.

Buscar el consenso del equipo motiva, involucra y compromete al personal con la solución. Esta forma de liderar lleva a formar equipos más unidos con dominio de los aspectos femeninos sobre los que se viene hablando en la obra.

Cada vez que le proponemos a un directorio consensuar con el personal la visión que se tiene de la empresa, creen que estamos locos. Pero prontamente, con los resultados que se obtienen, comprenden que la visión se enriqueció, que integró al personal y, por sobre todo, que la consideran propia.

La decisión es de todos; por ende, la responsabilidad por la ejecución y los resultados también lo es. Y el equipo debe tenerlo muy claro.

Ejercitación

1. Si nunca lo ha hecho, comience por seleccionar una decisión que no compromete al equipo ni a su autoridad y expóngala en el grupo para que den su opinión. Anote y comparta las opiniones de todos en un resumen final. Por último, decida y explique por qué decidió en ese sentido.
2. Seleccione cada vez temáticas más importantes y vaya compartiéndolas con su equipo, pidiendo sus opiniones. Trate de generar opciones creativas que involucren más de una opinión.
3. Felicite a cada uno de los que generaron ideas, más allá de la calidad de cada aporte.

4. Si termina por decidir algo distinto a lo consensuado por el equipo, ocúpese de dar una buena explicación.

f. Aprender a delegar

Esta quizás sea la asignatura pendiente más relevante de los líderes con estilo masculino y una de las principales fortalezas del liderazgo de tipo femenino. Delegar puede significar para los primeros una pérdida de tiempo, poder o control, pero para los segundos es la posibilidad de multiplicar sus esfuerzos, desarrollar un mejor equipo y trascender a través de los demás.

Recibimos en la consultora gran cantidad de líderes todos los meses, sobrepasados y exigidos por el gran volumen de trabajo que tienen. Lo curioso es que siempre dan las mismas excusas para no delegar, pero no hacen nada por entrenar a sus seguidores para ser delegados, para que aprendan a trabajar de una manera más eficiente. No delegar implica directamente una falta de confianza del líder en sus seguidores, y ellos lo saben, lo sienten y esto claramente los desmotiva.

> *Recuerdo el caso del director general de una compañía que no podía delegar prácticamente nada. Con poco menos de 50 años, ya tenía dos operaciones de corazón, un estado de estrés muy alto y su tercer matrimonio pendía de un hilo. Vino a vernos porque quería que lo ayudáramos a cambiar a toda su plana gerencial y que le seleccionáramos gerentes que lo siguieran. Cuando me entrevisté con los gerentes, obviamente dijeron que los desmotivaba mucho que él se metiera en todo, que no confiara en ellos y que los subestimara.*
> *Lo convencí de hacer un plan de delegación, de diseñar un sistema muy prolijo de informes y de comenzar a entrenar a sus gerentes para que tuvieran los resultados que él deseaba. Me llevó casi un año hacerlo. Lo más difícil fue trabajar con él, sus temores, sus fantasmas y su necesidad inconsciente de control sobre todo lo que lo rodeaba. Pero finalmente fue un éxito. Es probable que esté jugando al golf en este momento.*

Delegar motiva a los demás, los hace crecer, les enseña, pero el que primero debe cambiar su paradigma es el líder. Debe comprender que cuando uno está metido en las pequeñas cosas descuida naturalmente lo estratégico y pierde visión global, habilidad fundamental del liderazgo.

Para entender mejor los beneficios y el proceso de delegación le recomiendo que lea el capítulo sobre delegación de mi libro *Aprender a liderar*, de Editorial Temas.

Ejercitación

1. Analice una tarea que valga la pena que delegue (no comience por una estratégica).
2. Seleccione al más indicado para hacerla. Aunque ninguno termine de satisfacer todos sus intereses, recuerde que lo está entrenando para poder delegarle cada vez más.
3. Llámelo, cuéntele por qué lo seleccionó y qué espera de él.
4. Explíquele acabadamente la tarea que le encomienda.
5. Descríbale las características más importantes de la tarea (tiempo, formato, colaboradores, recursos, etc.).
6. Planifique, junto a la persona, la forma en la que se llevará a cabo la tarea. Prevean juntos los obstáculos y cómo solucionarlos.
7. Haga seguimientos periódicos, indicándole lo que debe ser corregido y reconociendo los aciertos.
9. Una vez concluida la tarea, haga un análisis final y felicite al empleado por sus logros.

g. Adoptar una visión global

Este tipo de visión, de 360°, se ve particularmente desarrollada en la mentalidad femenina. El poder ver el "todo", explorar todas las alternativas, evaluar todo lo que acontece en el entorno antes de tomar una decisión es una condición innata de las mujeres, que los hombres deben aprender.

Sin querer profundizar en una cuestión de géneros, podríamos dar como ejemplo la forma en que una mujer hace las compras en el supermercado y su diferencia con la forma en la que las hace un hombre (tomando el caso de que ella tuviera un estilo preponderantemente femenino y él uno masculino). Mientras ella va recorriendo los pasillos viendo todo lo que hay a su alrededor, comparando precios y productos, va eligiendo las cosas que necesita para su hogar, el hombre lleva una lista, escrita o no, y va directamente a los lugares en los que se encuentra el producto, se detiene varios minutos olvidándose del resto, tiende a comprar siempre los mismos y se agota rápidamente cuando compra lo que no es para él.

La visión global sirve para hacer un buen análisis de situación, para no tomar decisiones apresuradas y ser más objetivo a la hora de resolver. Para ello, es imprescindible abrir el foco, tener paciencia, no quedarse con el primer análisis y buscar la mayor cantidad de información posible. Trate de escuchar a quienes no están involucrados en la toma de decisiones, a "externos" que piensan distinto a usted.

> Hace varios años, me encontraba presentando un diagnóstico en una empresa en México. Al terminar mi presentación, el presidente me manifestó que algunas cosas no las podía creer. Que estaba asombrado de mi capacidad para descubrirlas. En ese momento entró el mozo a servir unas bebidas en el directorio y le dije al presidente y sus directores: "Este señor que acaba de entrar posiblemente vea las mismas cosas que he visto yo de la empresa, porque las mira desde afuera, sin estar involucrado, sin sentir emociones al respecto. Lo único que hace de distinto un consultor es buscar las causas de eso que se ve".

Ejercitación

1. Una forma de desarrollar la visión global es comenzar a observar en los lugares comunes que se frecuentan (habitación, oficina, hall, bus, etc.) todas las pequeñas cosas que hay alrededor que uno nunca vio. Podrá así observar personas a las que nunca había visto, objetos

en los que nunca se había fijado, empleados que hacen tareas, gestos, muecas de las que nunca se percató.
2. Comparta su punto de vista sobre temas importantes con colegas o amigos que piensan distinto de usted, que le den miradas que salgan de su *statu quo*.
3. Revise decisiones que tomó en el pasado y no fueron exitosas, analice qué cosas no vio, qué información le faltó, a quién no tuvo en cuenta.
4. Por sobre todas las cosas, practique mucho la paciencia y el manejo de la ansiedad frente a la espera.

Tener una mayor visión global lo ayudará a poder manejar más variables, antes de tomar una decisión.

h. Poder hacer varias cosas al mismo tiempo

Si bien hay que saber que la neurociencia probó hace años que al poner la atención en varias cosas al mismo tiempo la atención que se dedica a cada una de ellas se va haciendo cada vez menor, también hay que reconocer que muchas veces puede ser una gran herramienta para liderar. Se trata de poder "sobrevolar" la gestión para solo involucrarse en los temas verdaderamente importantes.

A las personas con un estilo marcadamente masculino les cuesta mucho más, ya que su visión, tanto como su nivel de atención, están focalizados en el objetivo de la tarea. Comenzar una nueva tarea puede hacer que olvide la que estaba haciendo o que se distraiga.

> *Me costó más de tres meses que un gerente que entrenaba entendiera que si no podía enfrentar más de una cosa a la vez ya no podría mantenerse mucho más en su puesto. Cuando al fin lo entendió, comenzó a hacer listas de los temas, dar un primer vistazo a todos ellos, para seleccionar luego cuáles tomar primero. Aprendió a resolver varios problemas al mismo tiempo, sin esperar a cerrar uno para comenzar con otro. Pero también tuvo que aceptar que todos los problemas no deben resolverse al 100%, ni todos pueden esperar a que se cierren otros. El listado de "temas a resolver" se ha vuelto el plan de vuelo de cualquier gerente.*

Eso sí, hay que tener cuidado de no llenarse de tareas urgentes ya que se puede llegar a colapsar. Para lograr este delicado equilibrio entre hacer varias cosas al mismo tiempo y no taparse de cosas, deben seguirse los siguientes pasos.

Ejercitación

1. Decidir cuáles son las tareas que ameritan hacerse simultáneamente y cuáles pueden quedar para después.
2. Anotar todas las tareas que deben realizarse en una hoja donde se pueda ir chequeando y tildando, llamada "listado de temas a resolver".
3. Asignarle un tiempo y una prioridad a cada tarea, para que no quede al final del día alguna importante sin resolver.
4. Elegir las tareas que no realizará, las que delegará y las que derivará a otras áreas.
5. No tomar nuevas tareas que puedan distraerlo, ni comprometerse a hacer algo más que no esté en la lista.
6. Abstraerse de toda distracción del entorno como música, conversaciones de otros, llamados, reuniones inútiles, uso indebido del celular o de Internet, leer o responder cosas innecesarias. En pocas palabras: focalizar la atención lo máximo posible en las tareas que se realizan debido a que la atención ya estará distribuida de por sí en varias cosas a la vez.

Este ejercicio es útil tanto para realizar varias tareas al mismo tiempo eficientemente como para poner foco en cada una al realizarlas. Su implementación es de gran ayuda en doble dirección: considerar el todo y lo particular. Pero por sobre todas las cosas, en primer lugar debe aceptar las propias limitaciones y aprender a decir NO.

i. Motivar y comprometer al grupo

Si bien el estilo de conducción masculino puede llegar a ser altamente motivador para los seguidores, quien lidera lo hace generalmente a través del poder, la manipulación, las promesas, la arenga, la incentivación o la fijación de objetivos difícilmente alcanzables. El líder con estilo femenino busca dentro de las personas, y en forma individual, qué es lo que motiva a cada una. Si bien es un proceso mucho más largo, también es mucho más efectivo y sustentable en el tiempo.

Si el conductor del equipo ya sabe qué es lo que motiva a cada miembro del grupo, puede estimularlos cuando haga falta, sabiendo que obtendrá a cambio una respuesta emocional sincera y espontánea. Encontrar qué motiva a cada uno es como encontrar un botón dentro de ellos que se puede pulsar en cualquier momento en que se lo necesite.

Para aprender a motivar a los demás simplemente hay que sentarse con cada uno y preguntarle qué lo estimula, qué lo hace vibrar, qué lo moviliza. Algunas personas lo tienen bien claro y a otras les cuesta más encontrarlo o decirlo, pero todos tienen, en alguna parte de su vasto inconsciente, la llave que enciende el motor de su pasión.

Generalmente, las personas se motivan con la posibilidad de crecer, de aprender, de trabajar en equipo, de aportar algo que cambie la historia de alguna manera, de lograr resultados extraordinarios, pero también hay otros a los que los motiva la honestidad con la que les habla su líder, seguir una visión poderosa con la que se sienten identificados, o simplemente ser reconocidos y valorados.

Ejercitación

1. Siéntese con cada uno de sus seguidores y pregúnteles sobre situaciones, emociones, actos que lo motivan en su vida personal y laboral. Escriba lo que mo-

tiva a cada uno y téngalo a mano para cuando estén desmotivados.
2. Haga el mismo ejercicio anterior pero en una reunión de grupo, tratando de relevar qué los motiva grupalmente (no siempre es lo mismo que individualmente).
3. Planifique y lleve a cabo una acción motivadora semanal. Pequeños actos son los que más se reconocen y les más fácil lograr continuidad con ellos (comprar algo rico, felicitar el trabajo bien hecho, resaltar alguna prenda de vestir que se puso alguien, agradecer por el esfuerzo, etc.).
4. Fije premios claros a los objetivos que ha planteado tanto individuales como grupales.
5. Indique para cada acción importante un responsable, comprometiéndolo con el resultado.
6. Converse periódicamente con su equipo sobre la misión que los une y pregúnteles cómo se sienten y qué les hace falta.
7. Festeje con su equipo todo lo que se pueda: cumpleaños, aniversarios, nacimientos, día de la mujer, metas obtenidas, ascensos, etc.

j. Incluir a los demás

Este tópico, definitivamente femenino, pareciera obvio para cualquier líder, pero no lo es para quienes ejercen un estilo masculino, ya que tienden a separar, a excluir o simplemente a ignorar a quienes no les sirven para su propósito de poder. "Divide y reinarás" parecería ser la consigna de quienes lideran de esta manera.

Incluir no es involucrar solo a quienes se necesita o apañar a quienes se prefiere o incorporar a quienes se debe, por la razón que fuese. Incluir es sumar a todos y cada uno de los miembros del equipo. A los que uno estima y a los que no, a los que valora y a los que no, a los que tienen la misma forma de pensar y a los que no, a los que tienen los mismos gustos y preferencias y a los que no; sobre todo, a los que NO.

La inclusión es un acto de amor desinteresado y honesto, en el que se acepta que quienes son diferentes a uno merecen el mismo trato y lugar.

Para ello, es muy importante que el líder comprenda que cada persona puede aportarle algo a su equipo, hasta aquel del que menos se espera.

> *Una vez me pidieron que analizara el rendimiento y potencial de un gerente porque estaban pensando en despedirlo. Hacía tiempo que pertenecía a la empresa y nunca había rendido, al punto que su propio jefe se había cansado de él y hacía tiempo no lo "miraba". Al sentarme a conversar con él lo primero que le pregunté fue si se sentía cómodo y motivado en su puesto y me contestó que sí. Probablemente haya sido lo mismo que le había contestado a su jefe y a RR.HH. en varias oportunidades. Pero cuando comencé a indagar en sus deseos, sus anhelos y las cosas que lo motivaban, me di cuenta de que a él no le gustaba liderar, le gustaba vender, estar con el cliente, presentar los productos. La gerencia la había aceptado porque era una forma de irse de su empresa anterior, pero nunca había liderado y hacerlo no le había gustado como había pensado.*
>
> *Le propuse al director y a RR.HH. que lo sacaran del puesto de gerencia y lo pusieran en el rol de vendedor corporativo. El escepticismo fue mucho, por lo que lo llamé a la oficina donde estábamos reunidos, le dije delante de todos que era su oportunidad de demostrar cuánto le apasionaba la venta y le di un bolígrafo que estaba sobre el escritorio para que nos lo vendiera. Fue tan espectacular la forma en la que lo hizo que todos quedamos atónitos, pero sobre todo nos sorprendió el alto nivel de motivación con el que lo hizo. Llevó unos cuantos meses entrenarlo bien, pero se convirtió en uno de los mejores vendedores de la compañía. Podrían haber perdido a un gran vendedor que habían excluido por ser un mal gerente.*

Todos tienen algo para dar, es deber del líder identificar qué es y explotar esa virtud. Al excluirlos o ignorarlos, se pierde una gran oportunidad y se crea malestar e inequidad en el equipo.

Ejercitación

1. Pida la opinión del grupo cuando va a tomar una decisión que los involucre, a fin de que se sientan incluidos en ella.
2. Trate de acercarse a quien ha quedado discriminado por el grupo y averigüe qué conducta ha tenido para que eso fuera así. Luego, ayúdelo a cambiarla y reconozca cada uno de sus pequeños logros frente a los demás.
3. Si él mismo se ha autoexcluido, explíquele que es una conducta que usted no acepta en sus equipos y que está dispuesto a ayudarlo para que la cambie, resolviendo lo que provocó el distanciamiento.
4. Si se trata de un nuevo empleado que "no encaja", acérquelo a usted lo más posible, muéstrele el camino. Dele pautas que lo ayuden a la convivencia y valoración de los demás.
5. Si tiene un colaborador con el que "no hay química", o que no se entienden, trate de descifrar qué sombra suya está interfiriendo, por qué no lo acepta. Reconozca que cada persona es como es y debe aceptarla así, mientras no afecte al equipo. Trate de valorar pequeñas cosas de la persona y mostrárselo.

k. Ponerse el equipo al hombro

Cualquier líder con estilo marcadamente femenino hablará de esto. Para ellos, la misión de quien conduce es llevar a un grupo de personas a superar lo que se veía como inalcanzable antes de hacerlo.

El líder femenino asume riesgos personales, va más allá de su compromiso con la empresa, para lograr así su objetivo, que en general es un objetivo colectivo, ambicioso, a largo plazo.

No lucha por él sino por una causa, una idea, un sueño y en ella involucra a su equipo, colegas, referentes, competidores y todos aquellos que puedan contribuir a la concreción de la misión.

Son verdaderos guías de sus equipos. Para ello, se transforman en sostén de cada uno de sus seguidores. Ponerse el equipo al hombro significa priorizar al equipo sobre todas las cosas, estar en los momentos difíciles, compartir los logros en forma grupal y asumir los errores del grupo en forma personal.

Pero cargarse el equipo al hombro no es nada fácil y pocos líderes son los que lo hacen. Generalmente se debe a que no le dedican el tiempo necesario al equipo, no les interesa, o se llenan de tareas menores, reuniones improductivas y mails poco importantes que no los dejan focalizarse en lo esencialmente valioso: las personas.

Para hacerlo, hay que saber muy bien lo que puede y no puede hacer el equipo, exigirlo pero no sobrepasarse, saber cuándo "parar la pelota" y reflexionar. No es estar en todo o hacerse cargo de todo, es estar por los demás, dar la cara por los demás, nunca hablar mal de un miembro del equipo, motivarlos en los momentos más difíciles, nunca perder el objetivo. Son líderes que viven a pleno y transmiten toda esa energía a su equipo, rescatan el valor del esfuerzo, la dedicación, la perseverancia, el inconformismo y, por sobre todas las cosas, nunca bajan los brazos.

> *Durante más de un año entrené en Colombia a una gerente con estas características. Era tan valorada en la empresa por cómo se ponía sus equipos al hombro que la mandaron a una sucursal de la compañía en otro país. Esta, según el presidente, significaba la última oportunidad que le daban a esa unidad de negocio. La mujer se encontró con una situación verdaderamente difícil. El equipo estaba desmotivado, muy mal entrenado y se sentía mal pago y poco reconocido por la casa matriz.*
> *Recuerdo que en las primeras sesiones se largaba a llorar desconsoladamente por no poder sacar a su equipo adelante. Su indignación e impotencia ante la situación casi la hizo desistir, pero no fue así, convenció a su equipo de que era posible y le dijo al presidente que no pararía hasta sacarlo adelante. Después de varios meses, comenzaron a verse los primeros resultados positivos y, luego de dos años, se convirtió en una gran filial. El equipo sintió que ella se esforzaba y se sacrificaba por ellos y le respondió.*

Ejercitación

1. Siempre hágase cargo en primera persona de los errores y los fracasos frente a los ajenos al equipo, y luego resuelva los problemas puertas adentro.
2. Exíjase siempre un poquito más que a sus seguidores y dé el ejemplo en todo momento.
3. No deje que los problemas en su equipo se acumulen. Que todos noten que está atento y no permite que esto ocurra.
4. Si el equipo no llega a las metas, proponga un doble esfuerzo, pero planificado, equitativo, durante un tiempo adecuado; así verán que no es un esfuerzo inútil o una acción desesperada.

I. Mostrarse vulnerable

Seguramente cualquier líder con estilo masculino que esté leyendo esta obra dirá que ser la autoridad y mostrarse vulnerable es un contrasentido, pero nada más alejado de ello, solo hay que saber cómo hacerlo.

> Hace unos años, cuando vivía en México, me tocó entrenar a un director. Se trataba de un líder que debía cambiar completamente la forma de trabajo de su equipo, cosa que sabía que traería rechazo y críticas de todo tipo, pero no quedaba otra alternativa. Reunió a todo su equipo y les contó el plan que tenía, ante la mirada incrédula y negativa de muchos de los de su equipo. Luego me contó que tenía una enfermedad por la que le daban ataques de epilepsia por las noches, que su mujer debía socorrerlo y que esto lo estaba debilitando mucho, y que necesitaba la colaboración de todos. Algunos lloraban, otros no lo podían creer y un par se levantaron a abrazarlo. Podía parecer un acto de cobardía o una simple manipulación. Aunque estaba diciendo la verdad y mostrando su mayor debilidad, también estaba acrecentando su autoridad. ¿O acaso cree que cualquiera tiene el coraje de contar algo tan personal, o de pedir ayuda a los demás de esa manera franca y honesta?

Francamente son muy pocas las personas que se animan a mostrarse vulnerables; esto les da todavía más autoridad, ya que, al hacerlo, demuestran un gran nivel de coraje. Por otro lado, los seguidores tienen la posibilidad de ver a su líder como un legítimo otro, un ser humano, una persona íntegra, transparente y honesta, capaz de presentar sus emociones, sin manifestarse débil por ello.

Para mostrarse vulnerable hay que estar muy bien plantado, conocer muy bien las propias fortalezas y tener una elevada seguridad personal.

Ejercitación
1. Siempre que quiera mostrarse vulnerable sea honesto y diga la verdad, no lo use para manipular a los demás.
2. Muestre algo de su persona que pueda servirle al equipo: para conocerlo más, para entender una situación, para motivarlos a apoyarlo. Nunca lo haga para dar lástima o defenderse.
3. Deje bien claro con sus gestos la diferencia entre vulnerabilidad y debilidad. Si lo ven de esta última manera no lo seguirán.
4. Si va a contar algo del pasado, que tenga una moraleja, una enseñanza o una reflexión y que sirva para que lo conozcan más y lo vean más humano.
5. Practíquelo varias veces antes de hacerlo, para no excederse en lo que está contando ni perder el foco de lo que quiere lograr con ello.

m. Ser justo y equitativo

Estos son dos de los valores que más comentaron tener nuestros entrevistados, constituyéndose en pilares de este tipo de liderazgo. También son dos de los más buscados y valorados por las nuevas generaciones.

> *Tenemos una gerente general que cuando los gerentes se pelean o enemistan por cualquier motivo, los llama a su oficina y los sienta uno frente al otro y les dice: "Vamos a quedarnos acá hasta que solucionen su proble-*

ma", y si ninguno de los dos habla, comienza a contar alguna anécdota en la que los dos tuvieron un problema y cómo lo resolvieron.

Hay un director que se entrena con nosotros que cada vez que sus seguidores le traen dos decisiones o planes o soluciones distintos, él los sienta a los dos y les dice: "No voy a llevar adelante ninguna de las dos alternativas, busquen entre ambos una mejor".

Para obrar con justicia hay que tener el principio moral que lleva a un líder a dar a cada uno lo que se merece. La dificultad radica en que no es darles a todos lo mismo. Para ello hay que conocer muy bien a cada uno de los seguidores, la situación que están viviendo, sus necesidades y deseos. Se trata de toda una virtud que debe ser practicada a diario.

Ejercitación

1. No les dé a todos lo mismo, cumpla con el sentido de justicia y dele a cada quien lo que se merece. Pero antes analícelo bien y justifíquelo adecuadamente.
2. Si hoy se decidió por la idea de un colaborador y no de otro, explique muy bien las causas y téngalo en cuenta para futuras decisiones.
3. Si tiene dos personas frente a usted con distintas soluciones o pedidos, haga que consensúen entre ellos. Siempre es mejor una solución aceptada por ellos que una solución salomónica.

n. Crear un propósito común

Los líderes con mentalidad femenina lideran para los demás. Lo hacen pensando en el bienestar de los suyos, no en su beneficio propio.

Estos líderes crean junto a su equipo una misión que los guía, alinea y motiva. Esto impide luego que pierdan el rumbo, le da identidad al equipo y los compromete.

La misión o propósito debe ser desafiante, ambicioso, motivador, integrador y que busque transformar algo del mundo que los rodea.

Hace unos años, estuve en una empresa en Estados Unidos que tenía un cartel que decía: "Somos la mejor agencia del país". Me pareció raro ya que se trataba de una empresa que no figuraba entre las 10 más grandes del sector, así que le pregunté a uno de sus directivos cómo se veían así, si eran mucho más chicos que algunas otras, a lo que me contestó: "Así es como queremos ser, los mejores, y nada nos desvía de ese camino, soñamos con eso". No solo lo veían en presente, su mayor fortaleza provenía de que la habían construido "entre todos" y creían en ella.

Cada vez más, los empleados necesitan algo en qué creer, algo superador que justifique pasar tantas horas de sus vidas encerrados en una oficina.

Cuando comenzamos un proceso de rediseño de una empresa, lo primero que hacemos es convocar a todos los empleados, para que en grupos desarrollen su propósito corporativo, la meta que perseguirán, que les dará una razón para esforzarse detrás de los objetivos. La mejor forma de hacerlo es que cada uno haga un pequeño barco de cartulina y coloque dentro de él su propia aspiración profesional. Luego, entre todos construyen un inmenso barco de alambre y cartulina en el que cuelgan todos sus pequeños barcos personales. La moraleja final de este ejercicio es que cada uno escoge un propósito personal, alineado con el propósito de la compañía, y así todos se comprometen a aunar esfuerzos para perseguir el mismo camino o, como le llamamos nosotros, el faro.

Ejercitación

1. Reúna a su equipo y explíquele la importancia de tener un propósito de grupo, sus características y beneficios.
2. Haga que cada uno escriba en un papel el propósito que le gustaría que tuviera el área.

3. Luego, que cada uno haga un barquito con ese papel y le ponga del lado de afuera una palabra, lo que está dispuesto a *dar* para ello (por ejemplo: compromiso, colaboración, decisión, compañerismo, escucha, etc.).
4. Sepárelos en *dos grupos* y que cada grupo, después de comentar sus propósitos individuales, consensúe uno en común.
5. Coordine la integración de los dos propósitos y escríbalo en una hoja de rotafolios, dentro del dibujo de un gran barco (en la vela).
6. Invite a los participantes a que peguen sus barquitos de papel en el dibujo del barco dejando libre el propósito (en el casco).
7. Lea el propósito, pida un aplauso y cuelgue el dibujo con los barquitos donde todos puedan verlo.

o. Dar un mensaje inequívoco (coherencia)

Uno de los factores que más daño les hacen hoy en día a las organizaciones es la mala comunicación que se baja desde la gerencia.

Nada peor para una población de empleados que buscan líderes honestos que mentirles, subestimarlos o esconderles información. Por otro lado, hay que entender, en momentos en que las organizaciones más importantes del mundo ven revelados sus secretos más oscuros y guardados, que una simple empresa no puede pretender tenerlos. Pero a pesar de ello, algunos siguen intentándolo, sin darse cuenta de que siempre es mucho peor la novela que se crea en los pasillos que la verdad de lo que sucede. ¡Y esto siempre es así!

Hace unos años trabajamos para una empresa cuyo directorio había decidido reestructurar el área de Administración, para lo que se iba a despedir a siete empleados. La empresa tenía unos 1.400 en total. Les sugerimos varias veces que lo comunicaran rápido, pero no lo hicieron, decidieron hacer correr el rumor y ver cómo reaccionaba el personal ante la medida.

Al mes, toda la empresa hablaba de que iban a despedir entre un 10 y un 20% de la plantilla por problemas económicos. De más está decir que aquello fue un desastre. La motivación, el compromiso y el amor por la empresa se desplomaron. Mucha gente valiosa se fue antes de que supuestamente la despidieran y en todo el mercado se supo lo que estaba pasando.

Toda comunicación que no se baja adecuadamente tiende a negativizarse y magnificarse, hasta puntos en los que ya no se tiene retorno.

Ejercitación

1. Una vez que tomó una decisión, comuníquela, no espere ni un segundo más.
2. Explique las razones de la decisión y los detalles, si es que sirven para aclarar.
3. Lleve tranquilidad al equipo, abriendo el juego para que le hagan preguntas.
4. Chequee con los líderes de área periódicamente cómo fue tomada la noticia y haga las aclaraciones necesarias.

A modo de cierre, podemos afirmar que todas las características del liderazgo con estilo femenino pueden ser desarrolladas. Lo más difícil no es su entrenamiento sino el paso inicial de admitir que hay otro estilo que puede ser exitoso y estar dispuesto a dejar de lado ciertas prácticas masculinas.

Estos y muchos ejercicios están disponibles para practicar, solo se necesita el coraje de querer probar otras "formas" de liderar. Hágalo y espere ver los resultados de su gestión: ciertamente se sorprenderá.

CAPÍTULO 7

¿ESTAMOS EN PRESENCIA DEL FIN DE LA EMPRESA TAL COMO LA HEMOS CONOCIDO?

La empresa, liderada por una sola persona que abusaba del poder y el uso de la información, que tomaba las decisiones unilateralmente, que concentraba poder y le importaba más su persona que la del grupo que lideraba está en vías de extinción.

Puede observarse que lentamente el pensamiento masculino y lineal clásico está cambiando por un tipo de pensamiento femenino más sistémico, inclusivo y global.

Estamos presenciando la aniquilación de un estilo que duró cientos de años, dio muchos resultados, pero ha quedado obsoleto en las últimas décadas con el advenimiento de las nuevas generaciones, la evolución de las comunicaciones, el libre acceso a la información, la nueva concepción del trabajo y la masificación de las nuevas tecnologías. El mundo cambió y las empresas también deben hacerlo, para adaptarse a las nuevas necesidades de empleados, clientes y proveedores.

Para eso, deben transformarse paradigmas improductivos, arraigados durante muchísimos años, generados por líderes con una mentalidad masculina muy marcada.

Las empresas que no lo entiendan rápidamente harán cada vez mayores esfuerzos para conseguir personal que quiera seguirlas o trabajar en ellas. Sus costos serán más altos, su calidad disminuirá hasta aniquilar sus productos y su rentabilidad se verá cada vez más reducida.

El nuevo paradigma empresarial es: "Si la empresa no cuida de su gente, ellos menos van a cuidar de la empresa", o dicho de otra manera: "Si la empresa cuida de su gente, ellos se comprometerán con su trabajo".

Hace un par de años, me vino a ver un cliente que tenía una empresa mediana que había sido exitosa, pero sus resultados decaían año tras año. Como siempre, comencé por hacer un diagnóstico de la organización y me di cuenta de que se trataba de una empresa de estilo paternalista con un promedio de edad del personal bastante alto. Su dueño tenía un nivel de autoridad muy elevado, escondía información, los dividía para gobernarlos y seleccionaba para sus equipos personal mayor de 40 años; decía que a "los jóvenes de hoy no les gusta trabajar". Su estilo distante y autoritario había hecho que se fueran de la empresa sus tres líderes clave: el de Producción, el de Finanzas y el de Calidad. Los tres renunciaron casi al mismo tiempo, cansados de pedir un cambio en la forma de conducción.
A pesar de los esfuerzos del dueño por mantener el nivel de producción, esta fue cayendo cada vez más. En el momento en que me vino a ver, la situación ya estaba complicada. Le sugerí que cambiara el estilo de liderazgo y la cultura de la empresa, a lo que respondió que estas "tendencias", como les llamaba, ya iban a pasar de moda. Las tendencias no solo no pasaron sino que se agudizaron y él terminó por vender la empresa en un precio irrisorio.

Se está gestando una nueva concepción de empresa, en la que el interés puesto por los accionistas en la utilidad final irá trasladándose lentamente a un interés cada vez más genuino por el bienestar de su gente. No solamente por un hecho de solidaridad o interés en las personas, sino por la necesidad imperiosa de satisfacer los deseos de generaciones cada vez más interesadas en disfrutar del trabajo que hacen y menos fáciles de tentar con dinero, beneficios corporativos o puestos gerenciales.

Algunas ya están haciendo el cambio, impulsadas por una moda o por la necesidad de incorporar mejores talentos. Son aquellas que están marcando el rumbo que pronto todas se verán obligadas a tomar.

Se necesitan empresas más flexibles, chatas, horizontales, en las que se consensúen las decisiones, se tenga en cuenta al personal y se valoren las buenas acciones. No alcanza ciertamente con tener una política de beneficios, hay que hacer participar a la gente, ayudarla a crecer, formarla, reconocer sus aciertos.

El rol de los líderes en las empresas del futuro será clave. Serán los guías no solo estratégicos, sino probablemente espirituales del grupo. Aquellos que lleven paz y orden, los contengan, los escuchen y se ocupen de su bienestar.

El trabajo del futuro también será distinto. La tarea no solo deberá ser desafiante, deberá dejar una enseñanza, cambiar periódicamente, quedar en manos del empleado y, por sobre todas las cosas, despertar su interés. En estas nuevas empresas, el bienestar de empleados, clientes y proveedores será clave. Probablemente sea el factor diferenciador que todos busquen tener.

El bienestar del empleado pasará por el entorno de trabajo, la relación con el líder y el resto de sus compañeros, la posibilidad de expresarse y desarrollarse en la empresa y el interés social que ella tenga y en la que sienta que está contribuyendo.

Los días de tener un empleado sentado en un box gris de un metro por un metro mirando una pared, haciendo una tarea rutinaria o poco motivadora se están terminando. Dentro de poco, nadie querrá tomar ese trabajo.

Cada vez más los empleados querrán "vivir" en sus empresas. Tener espacios de recreación, de relax, de encuentro. Pero también querrán pasar menos tiempo en ellos, teniendo al menos un día o dos para trabajar desde sus casas o de forma ambulatoria.

Ciertamente, los líderes con estilo masculino de hoy no están preparados para este "descontrol", ni siquiera lo entienden. Pero habrá que ayudarlos y acompañarlos en este gigantesco cambio empresarial si se pretende que ellos y sus compañías sobrevivan.

Esto queda claramente plasmado en la respuesta de Susana Balbo, nuestra entrevistada, presidente de Bodegas Dominio del Plata, cuando al preguntarle si siempre había sido tan humana y conectada a sus valores y su parte emocional nos dijo:

> *Yo he sido una persona terriblemente agresiva, una persona que decía todo lo que pensaba y no me importaban los sentimientos de los demás, pero fui creciendo espiritualmente en una búsqueda de muchos años, producto de una enorme desilusión que tuve en mi vida. Esa desilusión me llevó a buscar cuál es el sentido de vivir, cuál es el sentido de estar aquí, y en esta búsqueda he ido encontrando mucha gente con mis mismos valores que me enseñaron mucho, como por ejemplo el valor de la autoestima; primero tenés que quererte a vos para poder querer a los demás. Me he dado cuenta de que si yo no me quería a mí misma no podía querer a los demás; cuando aprendés esto, te das cuenta de que hay principios y valores que no pueden resignarse absolutamente por nada material o económico, externo a tu propia persona o a tu círculo más íntimo: tu familia, tus hijos. Es un momento de cosecha para mí, no puedo pedir nada más.*

Luego le comentamos que es poco usual encontrar personas tan agradecidas y tan conectadas con su lado emocional, y ella respondió con mucha calma y calidez: "Eso es lo que hace a mi empresa diferente y por eso le va tan bien".

Si usted quiere adaptar su equipo o empresa a los tiempos que se vienen deberá hacer varios cambios y mejoras:

1. *Consensuar*, con sus líderes y el personal, el propósito de la empresa.
2. Establecer entre todos los *valores* que regirán sus acciones del día a día, su forma de relacionarse y de llevar adelante el trabajo.
3. Promocionar una *comunicación* clara, honesta y directa en todos los ámbitos de la organización.
4. Entrenar a los *líderes* en las habilidades y actitudes de este nuevo estilo de conducción.

5. Tener un plan claro y concreto de *responsabilidad social empresaria* en la que los empleados sientan el "genuino" interés de su empresa por solucionar aspectos que preocupan a la sociedad.
6. Deberá estar dispuesto a *escuchar, contener* y *valorar* a cada uno de sus seguidores, instalando una cultura de inclusión y reconocimiento estimada por todos.
7. Todas las acciones de la empresa deberán ser *coherentes, justas,* y sus decisiones, aceptadas de buena gana por quienes deban ejecutarlas.

CAPÍTULO 8

LOS PREJUICIOS MASCULINOS SOBRE EL ESTILO FEMENINO

Una de las cosas que recabamos en casi todas las entrevistas que realizamos y en la gran cantidad de material que recolectamos es el enorme esfuerzo y coraje que ha implicado para estos líderes conducir con este nuevo estilo. Varios son los prejuicios con los que se han encontrado a lo largo de sus carreras, pero todos ellos apuntan al surgimiento de este nuevo paradigma, donde el concepto de "liderazgo" cambia sustancialmente al responder a los nuevos y cambiantes intereses y necesidades de una nueva generación que tiene otra forma de ver la vida y de una generación madura que se plantea en qué se ha equivocado.

Los prejuicios son muchos y de diversos tipos. Algunos líderes manifiestan que fueron muy criticados, juzgados, ignorados o excluidos por sus pares y superiores. Que tuvieron que sobreponerse con coraje y persistencia para sostener su firme convicción de que este estilo era lo que sus seguidores necesitaban.

Muchas veces, los mismos empleados, acostumbrados a un estilo masculino lejano y autoritario, descreían de la perdurabilidad de estos líderes, porque los accionistas no los legitimarían o apoyarían.

A continuación, revisaremos algunos de los *paradigmas negativos* con los que este estilo aún hoy se enfrenta.

"Manifestar las emociones es una debilidad"

El estilo masculino de conducción encuentra su enemigo principal en la demostración explícita de las emociones, gran tabú todavía en las empresas frías, estructuradas y resultadistas.

Ante cualquier demostración de afecto, contención o estima de parte del otro, aquellos con mentalidad masculina se defienden de sus propios temores criticando, juzgando o evitando a quienes las demuestran. Es como si las emociones estuvieran prohibidas o mal vistas en el ámbito laboral.

Si el que hace una demostración afectiva es un hombre, duda mucho de sí mismo y de las posibles reacciones del otro, por lo que suelen reprimirse al momento de expresar lo que sienten. Y cuando lo hacen, generalmente surgen sus instintos más masculinos, por lo que terminan expresándose de manera torpe o tosca.

Por otro lado, al presenciar un gesto o comentario afectivo el resto de los hombres de la "manada" tienden a reírse de él o jugarle bromas con respecto a su inclinación sexual. Esto solo esconde su imposibilidad de demostrar sus propias emociones en público y el rechazo a que otro lo haga. Se pone en juego el *statu quo*, y eso los aterra muchas veces.

No reviste mucho sentido ponerse a evaluar o analizar en este momento por qué no dejamos entrar las emociones en las empresas durante tanto tiempo, qué inseguridades de parte de los líderes impidieron que esto sucediera. Lo que tenemos que hacer es pensar hacia adelante: es cómo fomentar que esto comience a ocurrir cada vez más.

Es el momento de que aceptemos que en la empresa no solo se trabaja, también se vive, se sueña, se siente. Es más, el trabajo se ha vuelto una parte importante de la vida, por varios factores. Cobra más sentido entonces entender que no puede esperarse de un grupo de seres humanos que conviven durante tanto tiempo juntos que no tengan sentimientos, expectativas, deseos, emociones de todo tipo. Entonces, ¿por qué no expresarlas? ¿Cuáles son los miedos? ¿Qué puede llegar a suceder si lo hacen?

Lo cierto es que exteriorizar las emociones es algo totalmente natural que ayuda a mejorar los vínculos y a aceptar que hay compatibilidad entre las personas. Para ello, hay que pensar bien cómo se hará y tener en cuenta todo el tiempo el ámbito laboral en el que uno se encuentra.

Cuando en nuestros programas de liderazgo en las empresas instamos a los líderes a "ponerles una mano en el hombro" a sus seguidores, al principio recibimos todo tipo de cuestionamientos, críticas, risas y bromas. Una vez que trascienden esas barreras y prejuicios, se dan cuenta de que simplemente escuchando, valorando o reconociendo a quienes tienen al lado, abajo o arriba en su organización, se vuelven más humanos, honestos y sinceros. Esto simplifica y resuelve gran parte de sus problemas.

Lo importante es entender que probablemente nadie nos ha dicho alguna vez: "En la empresa no debes sentir ni expresar ningún sentimiento". Es algo de lo que nos convencimos a través de los siglos, por el simple hecho de creer que "eso era así", sin darnos cuenta de que es un paradigma del que debemos deshacernos a la brevedad si pretendemos tener empresas más sanas y productivas.

Demostrar las emociones y todo lo que se desprenda de una mirada femenina del vínculo ayuda enormemente a que las personas se sientan mejor, más completas y confiadas en su trabajo.

Exprese sus emociones y deje y fomente que los demás también lo hagan. No tenga miedo de hacerlo, en su interior están todas las herramientas para manejarlo. Confíe en su capacidad.

Susana Agustín, ex presidente de Liberty Seguros y ART, hizo mucho por el cambio de rumbo que tomó la empresa, trabajando fuertemente en mejorar el clima organizacional.

Cuando le preguntamos si en su opinión el líder femenino es más emocional, afirma nuestra teoría respondiendo:

Sí, es más emocional, pero sobre todo es más demostrativo en su emoción; yo no sé si el masculino no tiene emoción, sino que no la demuestra, al femenino le sale la emoción naturalmente. Sin generalizar, podría decirse que los líderes femeninos somos más capaces de mostrar emoción, tenemos un trato más suave y mayor empatía. Somos más comunicativos, creemos en la importancia de comunicar, en que la gente sepa hacia dónde vamos, no esconder sino por el contrario comunicar. También es distinto en el tema del trabajo en equipo, necesitamos un equipo en el cual confiar y que confíe en nosotros; yo creo que es imposible trabajar sola, y que un equipo te aporta todo el tiempo.

"Hay que vivir para trabajar"

Los empleados que viven para trabajar y disocian su vida y sus afectos de su trabajo terminan enfermándose. Esto lo muestran encuestas que permanentemente se hacen y arrojan el triste resultado de que cada vez son más frecuentes las ausencias laborales por enfermedades de todo tipo. Casi siempre están asociadas a problemas psicológicos o a cuestiones psicosomáticas.

Hace unos meses, cuando entrenaba a un joven gerente de menos de 30 años, me dijo: "Tengo que matarme antes de los 40". Su afirmación fue muy elocuente. El trabajo, muchas veces asociado a la búsqueda del éxito, impulsado por un sistema consumista sin límites, nos hace perder de vista los principales fines del trabajo: sentirse completo, tener una identidad, pertenecer a un grupo, desarrollarse.

Sentir que en el trabajo "no se vive" es algo que le hace daño a cualquiera. Le hace perder el "sentido" de trabajar. Se pervierte a la persona por el simple hecho de introducir a fin de mes la tarjeta en el cajero automático para retirar su sueldo. Esta es la principal causa de que el consumo haya subido tanto las últimas décadas. Al canto de "me tengo que dar un gustito", se encuentran todo tipo de excusas para comprar.

Se consumen productos, servicios, comida, fármacos, personas; todo lo que haga olvidar, aunque sea por un instante, de que se pierden casi tres cuartas partes de la vida encerrados en un lugar que no produce satisfacción alguna.

Quienes viven para trabajar probablemente estén huyendo de algo, de alguien o de sí mismos. O lo hagan como medio para sentirse útiles o acrecentar su baja autoestima. Pero es evidente que lo hacen para tapar algún agujero emocional o psicológico que los hace sentir incompletos.

El trabajo debe tener un tiempo, un lugar y un objetivo. Si uno pervierte alguna de estas tres variables, está violentando la razón más básica de la vida: disfrutarla.

Si uno tiene una relación con el trabajo en la que no puede cortar a una hora, soltar las tareas cuando se va a la casa o apagar el celular los fines de semana por temor a que su jefe lo llame o surja algo laboral, entonces tiene que saber que tiene una *adicción al trabajo* que debe tratar a la brevedad, antes de que comience a afectarle en el resto de los órdenes de su vida o en su salud. El problema radica en que, de todas las adicciones, esta es la más aceptada y de la que menos se habla. Pero es la que más problemas de salud está trayendo. Tomar conciencia de ello es el primer paso para ser más felices y vivir mejor.

"En la empresa los diálogos no deben ser profundos"

Hay dos cosas que me llaman mucho la atención en nuestras actividades de reflexión con los líderes de las empresas. La primera es que, cuando les preguntamos quiénes son, no saben qué poner en la hoja (o lo que escriben es muy superficial). La segunda es que sucede exactamente lo mismo cuando les preguntamos quiénes son sus seguidores. Uno suele conocer a las personas con las que trabaja pero se relaciona generalmente de manera muy superficial. Uno puede saber cuántos hijos tiene, su fecha de cumpleaños o qué comidas le gustan a su compañero o empleado. Pero ¿realmente ahí termina todo? ¿De eso se trata conocer al otro? El estilo masculino claramente exige que uno se focalice exclusivamente en el trabajo y se vuelva cada vez más productivo, tendiendo a aislarse cada vez más.

Nos escudamos atrás de diálogos superficiales sobre los resultados de algún deporte, o aspectos de la política actual, o situaciones que se vieron en televisión. Pero se oculta el verdadero hecho de que no queremos, no podemos o no nos animamos a entrar en la vida del otro de una manera sincera, honesta y responsable.

> *Hace algunos años estaba entrenando a un grupo de gerentes de una multinacional. Trabajábamos una vez por semana. En cada almuerzo, se la pasaban hablando de lo que habían visto en un programa de televisión en el que bailaban por un premio. En el tercer almuerzo me di cuenta de que lo hacían porque encontraban un tema cómodo y superficial desde donde podían hablar sin comprometerse. En ese momento conté que estaba preocupado porque mi hijo se orinaba en la cama y tenía miedo de estar haciendo algo mal como padre. Les dejé ver que eso me preocupaba y me afectaba emocionalmente, pero no por ello me sentía un peor consultor. Luego les pregunté cuáles eran sus temores. El diálogo cambió de manera radical. El programa duró cuatro meses, pero los almuerzos aún hoy continúan. Aprendieron a "mostrarse" sin temor a mezclar lo profesional con lo emocional.*

El hecho de que la mayoría de las personas con las que trabajamos en general no las elegimos sino que ya estaban ahí o son de otras áreas no quiere decir que no podamos conocerlas, vincularnos y sorprendernos con los beneficios de ello. Comunicarnos de manera más profunda con quienes trabajan con nosotros posibilita entablar un vínculo, y así, lograr una mejor calidad de vida en el trabajo y mayores niveles de motivación. El ser humano a través de los vínculos aprende, crea, construye, fortalece, pero sobre todas las cosas, le encuentra un "sentido" a su vida. Los vínculos mejoran ampliamente la productividad, el trabajo inter-áreas y la velocidad de respuesta.

Los vínculos se logran solo a través de una comunicación sincera, profunda y abierta. Una empresa con un buen nivel de comunicación es una empresa que puede sortear cualquier contingencia.

No puedo evitar recordar cuando, en una de nuestras entrevistas grupales, Lucila Dietrich tomó la palabra y comenzó a reconocer sinceramente el trabajo de una de sus colaboradoras. Hablaba sobre la asistente de dirección frente a todo el equipo de líderes:

> *Ella lo que hizo es soportar a un marido difícil, no mezcla su situación personal con el trabajo, puede hablar con el ex por teléfono, pasar una situación difícil y dar vuelta la cara y con una sonrisa sigue atendiendo el teléfono. Crio un hijo separada tras un divorcio difícil. Se mata laburando, puede estar en el medio de un lío y enfrenta todo, piensen que lidera 550 personas porque es nuestra asistente y todo recae en ella. Confirma que lleva a su hijo cada día al colegio, aunque él no le dé ni bolilla. Entonces ella, como líder femenina, pudo adaptarse a distintas situaciones con muchos obstáculos, crio un hijo, sin dejar el trabajo, continuó haciéndose cargo de todo, adaptándose de nuevo a vivir con sus padres, que no es fácil a su edad, porque su marido les sacó la casa. Eso para mí es una líder y eso es lo que ella logró.*

El resto aplaudió y alguien acotó: "Y encima vamos nosotros con nuestros problemas, y ellas nos escucha y nos ayuda a todos". Este equipo necesitaba reconocer los esfuerzos de Florencia Montonati. Su líder lo hizo pero también demostró lo importante que es conocer quién es el otro y lo que le sucede para poder entenderlo y trabajar con él.

"Mostrarse vulnerable es mostrarse débil"

Como vimos anteriormente, nada más errado que esta sentencia, probablemente acuñada por personas que no se animan a mostrarse tal cual son o tienen temor a perder su autoridad.

Todas las personas, por más fuertes y duras que sean, tienen sus momentos de flaqueza. Demostrarlo no solo aumenta el respeto que los demás tienen por la persona, sino que contribuye a incrementar su autoestima y fortalecer su autoridad.

Un líder, por ejemplo, que demuestra abiertamente en un momento de crisis que no sabe qué hacer y necesita ayuda, o que confiesa que le ha pasado algo grave y no está en condiciones de guiarlos, o que tiene temor por una situación comprometida por la que está pasando el equipo, no es visto como débil por sus seguidores, sino como una persona honesta, sincera y creíble.

Trabajé para una empresa de turismo muy importante cuyo dueño tenía esta característica propia de la mentalidad femenina. Su personal lo quería y respetaba mucho. Recuerdo que, en la primera actividad que hice con toda la empresa, manifestó delante de todos que nos había contratado porque no encontraba una salida a la crisis que estaban viviendo. El turismo había caído y les estaba costando vender paquetes turísticos en nuestro país. El personal le agradeció mucho que se abriera de esa manera, que confesara lo que estaba pasando y que fuera tan honesto.

No solo lo admiraron mucho por haber reconocido su debilidad y haber pedido ayuda, sino que lo apoyaron hasta que pudieron sacar la empresa adelante, haciendo todo tipo de esfuerzos, hasta rebajarse los sueldos. La gente le creyó y confió en él.

Si bien hemos tocado este tema en otros de nuestros libros, es importante destacar que en un mundo tan despersonalizado y con tantas carencias afectivas, explicitar cuando uno está pasando un mal momento o no encuentra la salida o solución a un problema y pedir ayuda para ello lo muestra "humano" a uno. Y todos quienes lo escuchan saben que se necesita mucho coraje para compartirlo con los demás en un contexto laboral. Es por ello que provoca admiración en los demás. No se trata de exhibir flaqueza, ni desesperanza, mucho menos impotencia. Es una forma de mostrarse auténtico y tener el valor de compartirlo con los demás. Esto genera autoridad, identidad y compromiso en el equipo.

"Un grito es más efectivo que mil palabras"

Este dicho, como el de "si querés que te obedezcan mostrales mano dura" o "para que te sigan los tenés que tener cortitos", son ejemplos claros de un estilo de liderazgo que funcionó durante miles de años. Hoy en día cada vez hay menos empleados que lo resistan y cada año habrá menos, hasta que estos líderes se encuentren solos, gritándole a la pared o a un grupo de individuos con baja autoestima y sin potencial, capaces de aguantar cualquier cosa con tal de tener un trabajo.

Es cierto que el líder debe poner límites, lo que ha cambiado es la *forma*. Hoy es preferible establecer claramente lo que debe y no debe suceder en el equipo, marcar una y otra vez el error, buscar aprendizajes en forma conjunta, entender claramente por qué el empleado no cumple las expectativas.

En cada ocasión, el líder debe marcar el error mirando al otro a los ojos, hablando serenamente, pidiendo una explicación y buscando la mejora posible. Si esto no pasa, debe dar un ultimátum y, si la situación no se revierte, despedir al empleado. Más tarde, el líder debe repasar en su cabeza una y otra vez qué hizo o dejó de hacer para que ese empleado no haya dado resultado.

> *Una vez entrené a un director al que todos temían. De a poco se le habían ido yendo sus mejores empleados y se había rodeado de gente poco calificada y muy sumisa. Los resultados del área se desplomaron en pocos años. Al preguntarles a los empleados que se habían ido por qué habían dejado el equipo, la respuesta era unánime: los maltratos del director. Comencé con él un proceso de entrenamiento orientado a ayudarlo a cambiar ese estilo, pero fue muy difícil. Hasta que un día me confesó que él ya era así, eso le había dado mucho resultado en otra época y no estaba dispuesto a cambiarlo, porque no se sentía cómodo con otro estilo. Poco después lo despidieron y contrataron a una directora joven con un perfil emocional, contenedor, empático, pero muy exigente. Al año, el equipo ya estaba en sus mejores niveles históricos. Hoy es la gerente general de la compañía.*

En conclusión: en las empresas aún existen muchos prejuicios con los que se encuentran quienes pretenden liderar con un estilo femenino, ya que de una manera u otra, con sus actos, están rompiendo paradigmas que se encuentran muy arraigados en las entrañas de las organizaciones. Uno simplemente debe confiar en su estilo y buscar los momentos y lugares oportunos para ir demostrando incrementalmente los resultados de su gestión.

CAPÍTULO 9

LOS OBSTÁCULOS DEL ESTILO FEMENINO

Con frecuencia pude observar que hay dos tipos de obstáculos que encuentra el liderazgo femenino en las empresas. El primero está relacionado con los obstáculos que el mismo conductor se pone (internos) y el segundo, con los obstáculos que la organización consciente o inconscientemente impone (externos).

Obstáculos internos

A la hora de exteriorizar por primera vez muchas de las actitudes que vimos relacionadas con este estilo, el líder suele tener varios prejuicios. Son los que él mismo creó en su subconsciente, y la mayoría de las veces no son reales.

Por ejemplo, al decirle a un colaborador que le tiene aprecio, podría pensar que los otros lo verán como afeminado; al contener a una persona que lo necesita, podría pensar que el otro creerá que tiene un interés personal; al demostrar vulnerabilidad y compartir sus angustias o temores, podría pensar que lo verán como una debilidad; al escuchar mucho a quien lo necesita, podría pensar que los demás consideran que pierde el tiempo.

Estos prejuicios son el rezago de una sociedad machista que durante milenios desestimó y ocultó las emociones, juzgando y criticando a quienes hacían demostración de ellas. Por más increíble que parezca, muchos de estos prejuicios aún permanecen en nuestro inconsciente colectivo y son verdaderos obstáculos a la hora de liderar con este estilo.

Mientras que en algunas empresas mostrar actitudes relacionadas con el modelo femenino forma parte de la cultura de la organización, en otras, más masculinizadas, todavía suele reprimirse este tipo de gestos con burlas, juicios de valor o críticas infundadas. Esto hace que muchos líderes repriman sus intenciones y no se expresen ni relacionen como les gustaría hacerlo.

Lo importante es tomar conciencia de que en el liderazgo resulta muy difícil establecer si alguna conducta del líder está bien o mal de forma disociada con las necesidades de los seguidores. En otras palabras, si el líder les da a sus seguidores lo que ellos necesitan, no puede juzgarse la forma o el estilo que utilizó sino sus resultados. Si ellos se sienten cómodos o valoran más las conductas femeninas, el líder no debe pensar en otra cosa más que en aceptárselas. Debe superar todas esas barreras y temores internos que tratan de gobernar sus actos, y confiar en la honestidad y amorosidad de sus gestos.

Muchos de estos obstáculos internos nacen de una baja autoestima, de confiar poco en las capacidades propias, quererse o valorarse poco. Cambiarlo lleva tiempo y esfuerzo. Pero es fundamental para convertirse en un gran líder.

Hay que tomar conciencia de que uno está lleno de creencias que lo inhiben de hacer o decir lo que siente o quiere. Para romper con estos esquemas de pensamiento restrictivo es menester poner en tela de juicio cada freno que nos ponemos antes de hacer o decir algo que queremos y pensar: "¿quién gana y quién pierde con esto?".

Recuerdo que me llamaron de una empresa industrial porque uno de los directores, que tenía seis meses en el cargo, no "encajaba", no se "adaptaba". En una de nuestras primeras sesiones me contó que se quería ir de la empresa, lo cual me sorprendió. Se trataba de un director que había sido muy exitoso en su empresa anterior, perteneciente a otro mercado. Cuando le pregunté por qué, me contestó que en este nuevo trabajo no podía ser él mismo. Al parecer, la empresa tenía un estilo muy masculinizado, en el que se castigaban con gestos de todo tipo las conductas de los líderes que no fueran "duras o sarcásticas", como él las describió. Trabajamos varias sesiones para que tomara conciencia de que el problema era suyo y de nadie más. Era una barrera que, si bien existía en el contexto, él mismo se había puesto. Lentamente fue haciendo ejercicios que le permitieron mostrar sus emociones y vincularse con su equipo de otra manera. Al principio, muchos colegas y empleados lo juzgaron mal y se rieron de él. Luego de unos meses, su equipo comenzó a distinguirse mucho en la empresa. Tenía el mejor clima de trabajo, muy buenos resultados y un nivel de compromiso muy alto. Luego de unos años renunció, pero la empresa ya había cambiado.

Ir haciendo pequeños pasos y valorarlos es clave para desaprender lo que nos ha obstaculizado, y aprender esta nueva forma de accionar, más espontánea, honesta y humana. Para ello, hay que confiar en uno mismo y tomar conciencia de que uno, como líder, es el agente del cambio, el que transforma las realidades de la empresa y sus paradigmas.

Obstáculos externos

La organización influye sobre los líderes en mucho mayor grado del que puede uno imaginarse. En una empresa con perfil masculino, en la que no hay mujeres en los puestos de importancia, se subestima su capacidad y se privilegia y estimula un estilo masculino de conducción, resulta mucho más difícil mostrar actitudes femeninas, ya que este tipo de conductas no son valoradas por la organización, y probablemente no se esté abierto a romper con el *statu quo* para explorar nuevas posibilidades.

Si bien es cierto que este tipo de empresas, inclusive de sectores, está tendiendo a cambiar lentamente, dada la innumerable cantidad de razones que hemos visto antes en esta obra, es notable la cantidad que siguen sosteniendo un estilo masculinizado y machista.

En estas empresas es donde más se necesita comenzar a integrar actitudes femeninas, ya que en la complementariedad está la gran ganancia en todo sentido.

Ahora bien, para hacerlo, es recomendable empezar con pequeñas acciones y dar a conocer sus resultados positivos para que los demás vean, sin miedo a lo diferente, una forma distinta de conducción.

> *Recuerdo que una vez trabajamos en un centro de distribución, totalmente sindicalizado, donde el trato era duro y los vínculos y la comunicación sumamente distantes. Era, sin lugar a dudas, un ambiente definidamente masculinizado.*
>
> *En mi primera reunión con el delegado, un hombre alto, enorme y fuerte, mantuvimos una conversación tirante durante la primera hora, en la que yo trataba de mostrarle las ventajas del Programa de Cambio que íbamos a implementar en la empresa. En un momento, y haciendo gala de su poder, él extrajo un viejo y gran cortador o cúter de su bolsillo y comenzó a jugar con él. El mensaje estaba claro, se trataba de un macho alfa, que le mostraba al nuevo macho de la tribu quién mandaba allí. En un momento detuve la conversación y le pregunté por su cúter y con mucha humildad se lo pedí. Para su asombro, a mí realmente me interesaba saber cómo ese objeto se había transformado en un símbolo tan importante de poder. Luego de admirarlo unos segundos, le pregunté de dónde lo había sacado ya que era de metal, hacía mucho no se hacían de ese material. Él me contestó muy orgulloso que se lo había regalado el padre cuando había comenzado a trabajar y era lo más preciado que guardaba de él. Vi en sus ojos la emoción que sentía y le conté que yo también había perdido a mi padre y atesoraba pequeñas cosas de él que guardaba con mucho cariño. No sé cómo explicarles bien qué pasó después, solo puedo recordar claramente el abrazo que nos dimos delante de todos cuando salimos de la salita en la que estábamos. Hicimos un gran trabajo juntos y transformamos un centro de distribución con severas dificultades en un ejemplo para toda la empresa a nivel multinacional.*

Todos, absolutamente todos tienen un costado femenino dentro, solo hay que ayudarlos a sacarlo, sin que les importe qué pensarán los demás. Lo importante es que lo hagan por su propio bienestar y el de sus seguidores. Al hacerlo, uno va cambiando el entorno hasta instalar un nuevo paradigma.

Si lo consiguen, rápidamente verán cambios positivos en el equipo. Mejorarán los vínculos y la comunicación, aumentarán el nivel de honestidad y sinceridad y la aceptación del otro como un legítimo otro. Esto traerá una mejora en la calidad de vida dentro de la oficina, que será vista por miembros de otros equipos. Comenzarán a preguntar cómo hicieron para cambiar el clima. De a poco y casi de manera imperceptible, las otras áreas empezarán a hacer los mismos cambios hasta llegar a la organización toda.

Inclusive, aquellos que se resisten a esto y se colocan en una posición crítica o amenazante van viendo de a poco reducida su capacidad de influir sobre los demás, que quieren vivir mejor en su ambiente de trabajo.

Los que más se resistan probablemente sean los que más se sientan amenazados por el cambio. Aquellos a los que les cuesta mayor trabajo demostrar estas emociones y formas de vincularse.

El rol de los RR.HH. en el combate de estos obstáculos culturales al liderazgo femenino es vital para tener empresas más abiertas, integradas y equilibradas. Son ellos los principales responsables, seguramente, de transmitir los resultados que este nuevo estilo está trayendo a las empresas y apoyar a los líderes que quieran incursionar en él.

Los obstáculos están, y suelen ser muchos, como sucede cada vez que nace un nuevo paradigma. Cambiarlo requiere de un acto de coraje, inteligencia y paciencia por parte del líder y un mínimo nivel de apertura de la organización. Fomentar esto último debe ser una decisión estratégica de la dirección, en pos de preparar a la empresa para un mundo en permanente cambio que derriba creencias a diario, de manera implacable y sin misericordia, dejando fuera del mercado a todos aquellos que se tornen rígidos o se queden en el tiempo.

CAPÍTULO 10

CÓMO FOMENTAR EL LIDERAZGO FEMENINO EN LA EMPRESA

Esto es algo que en el ámbito de la educación ya se está empezando a llevar a cabo. Los colegios privados de la Ciudad de Buenos Aires, en Argentina, ya tienen materias relacionadas con la formación integral del ser. Los niños, desde preescolar, estudian "Educación emocional", una materia que les enseña a reconocer las emociones, que son propias del ser humano, cómo potenciarlas, mejorarlas y desarrollarlas. Los preparan para un nuevo mundo que ya se vislumbra.

Pero todavía hay mucho más liderazgo masculino que femenino en la alta dirección de las empresas, por la sencilla razón de que los hombres posicionados en estos lugares eligen rodearse de otros hombres con estilo masculino, más alineados con ellos. No es una cuestión de capacidades, sino de afinidad. Cambiar esto significa hacer entender a estos líderes que la gente ya no quiere seguir a conductores masculinos distantes que solo se miran el ombligo y piensan en su propio bienestar.

Para lograr un mayor desarrollo de la mentalidad femenina, en general, habría que comenzar por seguir mejorando el sistema educativo, haciendo que se valoren cada vez más las conductas emocionales o "humanas", si me permite el lector.

Las *políticas de flexibilidad*, ocasionadas por una demanda de los empleados y una creciente competencia en la oferta de trabajo, van a atraer cada vez a más mujeres, haciendo que las organizaciones se vuelvan cada vez más femeninas. Horarios flexibles, talleres sobre las emociones, prácticas de bienestar, son algunas de las acciones más comunes que se están empezando a afianzar en las empresas.

Solo un mínimo porcentaje de los empleados argentinos percibe que el entorno laboral dentro de su oficina concilia el equilibrio entre trabajo y familia. Aunque todos sabemos que cada vez más este comienza a ser el objetivo más valorado por los empleados. El equilibrio entre estos dos aspectos de la vida moderna se refleja en la salud del trabajador, el vínculo de lealtad con la empresa y la intención de permanecer en ella por mucho tiempo. Es obvio que solo una mentalidad femenina abierta y emocional puede comprender verdaderamente la importancia de esto y crear políticas para resolverlo.

Algunas estrategias para desarrollar el liderazgo femenino en las organizaciones son las siguientes.

a) Fomentar la buena **comunicación**: esto se logra estableciendo canales abiertos donde los empleados puedan contar lo que les sucede, lo que necesitan y lo que piensan de la empresa y sus líderes.

b) Promover la **colaboración**: significa impulsar la participación de los empleados y la interrelación de las áreas. De este modo, el 90% de las top 20 globales recompensan la colaboración de sus empleados con incentivos. Realizar reuniones mensuales de estatus entre áreas es fundamental.

c) Crear **cadenas de valor mucho más integradas** y **estructuras más horizontales**: esto fomenta las buenas relaciones, el diálogo directo y honesto, y la comprensión de las necesidades y realidades del otro.

d) Generar valor a partir de la **diversidad**: una mayor heterogeneidad en el personal ayuda a las organizaciones a satisfacer mejor las necesidades y requerimientos de los distintos mercados y, de esta forma, crea valor. Incorporar personas de ambos géneros, de distintas nacionalidades, credos y edades, es vital para fomentar el liderazgo femenino.

e) Estimular la **creación de vínculos**: muchas empresas realizan todo tipo de eventos para fomentar la interrelación social de los empleados, logrando a su vez un mayor nivel de identidad y compromiso con la empresa. También contribuye a esto la creación de espacios físicos donde los empleados puedan encontrarse a conversar y conocerse.

f) Construir una fuerza de **trabajo sustentable**: es decir, que estén conscientes de que la nueva generación de líderes valora el equilibrio entre el trabajo y la vida personal. Tratar por todos los medios de identificar a los empleados con la empresa a largo plazo trabajando el vínculo entre el empleado y la organización.

g) Realizar acciones de **responsabilidad social empresaria**: esto ayuda mucho a instalar un sentimiento de amor, solidaridad y comprensión hacia el prójimo, al estimular un estilo de liderazgo con esas características.

h) Generar **capacitaciones** en este estilo: esta quizás sea una de las acciones que más ayude a desarrollar este tipo de liderazgo en la compañía. Permite no solo que se conozca, sino que se ponga a prueba, en un ámbito contenido de aprendizaje, este tipo de conducción y los resultados que origina.

i) Crear espacios de **arte y meditación**: estos espacios, cada vez más pedidos y valorados por el personal, fomentan que la persona se conecte con su yo interior, que pueda exteriorizar su emocionalidad y se sienta realizada, todos aspectos femeninos importantes.

De más está decir que el rol que juega el *directorio board* de la compañía en todo esto es primordial. Son ellos los que deben comenzar por demostrar un estilo de liderazgo femenino para que todos los líderes que responden a ellos los imiten sin temor ni vergüenza.

> *Hace unos años comencé un Programa para Líderes, contratado por uno de los directores de una compañía. Ya habían pasado más de seis meses y los líderes estaban entendiendo, valorando y aplicando este estilo con importantísimos resultados. Un día, el presidente de la compañía vio que todos sus gerentes estaban reunidos, capacitándose, y consideró que estaban perdiendo el tiempo, por lo que mandó a suspender el programa. Los gerentes ¡lo sintieron mucho!*

Estas decisiones repentinas y poco fundamentadas sirven sobre todas las cosas para que los líderes que las toman prueben su poder sobre el resto y dejen clara su "masculinidad". El mensaje queda muy claro para todos: "Acá no hay lugar para estas cosas. ¡Acá mando yo!".

A veces este estilo es censurado por falta de conocimiento, por temor a lo diferente, por creer que es una muestra de debilidad o es ineficiente para la empresa. Pero en todos los casos se trata generalmente del desconocimiento de sus virtudes y de los resultados que se están experimentando en el mundo entero.

En un artículo del diario *La Nación* citado anteriormente, "Nuevas líderes, nuevos desafíos", se muestra claramente cómo la incorporación de mujeres en la alta dirección genera nuevas reglas de juego y eso conlleva un nuevo estilo de liderazgo, diferente, más flexible, que contempla el equilibrio entre vida personal y profesional.

Por ejemplo, Microsoft, dice el artículo, es una empresa cuyo *staff* directivo está conformado en un 50% por mujeres y cuenta además con una CEO: Fabricia Degiovanni. Allí se hace hincapié en las iniciativas *Work Life Balance* para que cada persona pueda construir su equilibrio. Es una política basada en el trabajo por objetivos.

Una vez pasados los tres meses de licencia legal por maternidad, las mujeres pueden optar por una reducción de la jornada a cuatro horas diarias, hasta los siguientes cuatro meses. Además de existir personal que cubre las tareas, cuentan con el beneficio de la guardería durante seis años, y los viajes de negocio de las mujeres con hijos menores de 12 meses son por un máximo de dos noches. Por mencionar casos similares, en Coca Cola las madres recientes se incorporan de manera gradual; en Bristol Myers Squibb brindan la posibilidad de regresar combinada con el teletrabajo, y en GM las licencias pueden extenderse sin problemas. Poco a poco, también se les dan más beneficios a los nuevos padres. Estas acciones instauran, sin duda, una cultura afín al liderazgo femenino.

Estos beneficios a veces no son requeridos por las líderes que, aun disponiendo de ellos, vuelven al trabajo porque necesitan sus desafíos, su espacio, retomar su lugar profesional. Esto es una muestra de que la flexibilidad en las empresas no siempre conlleva descontrol o desorden. Si los empleados tienen lo que necesitan y están motivados, la responsabilidad y la voluntad gobiernan.

La inteligencia emocional, por otro lado, es sin lugar a dudas una característica femenina que debe ser promocionada en las organizaciones. Empleados cada vez más sensibles, que necesitan exteriorizar lo que les sucede, encontrar en el trabajo un lugar de contención y motivación, sentirse comprendidos y valorados, más que nunca demandan este estilo de liderazgo.

Fomentar la inteligencia emocional en los líderes lleva a tener organizaciones más sanas, sustentables y productivas, adaptadas a las nuevas generaciones y a las demandas de un mercado en permanente cambio.

SEGUNDA PARTE

TRABAJO DE INVESTIGACIÓN

CAPÍTULO 11

ENTREVISTAS INDIVIDUALES A LÍDERES EXITOSOS CON ESTILO FEMENINO

Durante más de tres años estuvimos seleccionando y entrevistando líderes exitosos que tenían el estilo de liderazgo que nosotros estábamos investigando.

Se entrevistaron personas de ambos sexos, empresarios y directores de empresa, de organizaciones sin fines de lucro y de instituciones prestigiosas, de diferentes países de occidente, con el fin de recopilar experiencias de liderazgo en los más diversos ámbitos de trabajo.

Las entrevistas se desarrollaron en un marco de gran cordialidad, en el que hicimos preguntas de todo tipo, buscando abarcar la temática desde los ángulos más disímiles.

Sus aportes fueron inmensamente ricos y mucho nos enseñaron con cada relato de vida, aunque nos pareció muy interesante el hecho de que les costara hablar sobre lo femenino y lo masculino, apartándose de una distinción de géneros. Esto denota, como dijimos antes, que cuesta mucho cambiar un paradigma tan arraigado. A pesar de haberles hecho una introducción sobre nuestra línea de pensamiento, y de que lo hubieran entendido y compartido, en repetidas ocasiones enfocaban sus respuestas en las diferencias de género sin darse cuenta.

De todas maneras, muchas de esas respuestas las transcribimos por lo inmensamente ricas que resultaron para el estudio. Lamentablemente, solo hemos podido tomar partes seleccionadas de algunas de las tantas entrevistas realizadas por una cuestión de extensión de este libro. Esperamos que los entrevistados y el lector puedan entenderlo. En próximas ediciones de la obra, presentaremos otros grupos de entrevistas seleccionadas. Aunque si desea leer las entrevistas completas, podrá hacerlo en nuestra página web cuando lo crea conveniente: www.pharus.com.ar

Los puestos que figuran en cada uno de los resúmenes de vida son los que tenían los participantes cuando fueron entrevistados.

1. Entrevista a Ángeles Arrien (Estados Unidos)

Resumen

Ángeles Arrien era antropóloga, escritora, educadora y consultora. Impartía clases en el Instituto de Estudios Integrales de San Francisco y en el Instituto de Psicología Transpersonal de Palo Alto (ambos en California, EE.UU.). Dio conferencias y dirigió seminarios en todo el mundo, estableciendo una estrecha relación entre la antropología, la psicología, la filosofía y las religiones comparadas. Su obra reveló la importancia que tiene la sabiduría indígena para nuestras vidas personales, profesionales y familiares, así como nuestra relación con la tierra. Falleció antes de la edición de este libro, dejando una gran huella en quienes fuimos sus seguidores.

Entrevista

¿Qué tipo de cualidades necesita un líder hoy?

Sin dudar, responde: "Colaboración, trabajar junto a los otros, no querer ser la estrella, crear reciprocidad. La razón de esto es que hoy los problemas son tan grandes que necesitamos una amplia variedad de cualidades y no solo de un tipo". Los líderes deben ser verdaderos expertos en sus especialidades, más creativos, poseer competencias que tengan que ver con la comunicación y la inclusión y habilidades sociales. "La mujer tiene, naturalmente, la habilidad de hacer muchas tareas a la vez. Por lo tanto, puede organizar y coordinar distintos trabajos individuales al mismo tiempo. Un líder, para ser efectivo, necesita los dos tipos de cualidades: las masculinas y las femeninas; requiere la combinación de las dos energías."

¿Cómo ve la relación entre dos líderes cuando están compitiendo por un puesto?

"Los varones van a *competir*, pero las mujeres van a *comparar.*" Considera que comparar es mirar las distintas cualidades o capacidades, los talentos. Las mujeres miran los diferentes talentos que tiene cada uno y que se necesitan para ejercer esa tarea. No hay competencia. "Las mujeres son mejores jugadoras en equipo que los hombres." Nos explica que en los deportes los hombres son mejores jugadores en equipo, pero en el campo de las organizaciones, las mujeres trabajan en equipo mejor que los hombres, más unidas.

¿Cómo ve a las mujeres en el manejo de la relación trabajo-salud-familia?

Está segura de que las mujeres, casi siempre, van a poner a la familia antes que el trabajo. Si la familia está bien cuidada, entonces se dedicarán al trabajo. Siempre tratan de elegir un trabajo que puedan hacer desde la casa. Si hay problemas con la familia o con el trabajo, siempre habrá un impacto en la salud de la mujer.

Sobre su liderazgo, ¿cómo maneja su ego?

Se ríe, y dice sin dudar: "El ego se muere en el camino".

¿Y cómo lo logra?

"Bueno, mi liderazgo es de servicio, no es para mi persona sino de servicio." Se concentra en ver qué es lo que necesita la otra persona, cómo puede hacer para que afloren sus talentos, lo mejor de ellas. Su trabajo es brindar a las personas herramientas para que puedan ser independientes, exitosas, autosuficientes. Para que puedan fortalecer sus capacidades y no tengan que depender de ella.

¿Cómo maneja la competencia desde su liderazgo femenino cuando alguno de su equipo quiere competir con usted por su puesto?

Nos cuenta que nunca sucedió eso en sus equipos: "Porque aquí se ve una reverencia"; y aclara: "No es que yo anime o impulse esa reverencia, sino que animo a que ellos mismos sean sus propios líderes. Veo respeto".

¿Cómo maneja la competencia dentro del equipo? Vemos que siempre la gente compite por el amor del líder.

Afirma que solo ha tenido la experiencia de ver una competencia entre ellos, para ver cuál va a ser mejor, pero no con ella. En esos casos, trata de ser muy justa en el modo de reconocer cómo están haciendo su trabajo. También trata de que se reconozcan unos a otros los talentos que tienen, para contribuir al objetivo común. A veces los pone a trabajar en pares, cuando tienen cualidades opuestas, para que se reconozcan y aprendan uno del otro. Y, cuando tienen cualidades similares, para que aprecien cómo pueden enriquecer y contribuir al objetivo común; para que aprendan que unidos son fuertes, y cómo pueden manifestar su maestría de una manera más productiva que compitiendo.

¿Qué le ha dado el liderazgo, después de tantos años de ejercerlo?

"Lo más importante es ver cómo tantas personas se desarrollan, crecen, se fortalecen, aman lo que hacen y qué felices son ellos mismos." Eso le da mucha alegría y le resulta muy inspirador para seguir adelante. "Es un trabajo del corazón."

Volviendo a la pregunta inicial, ¿cuál cree usted que es la razón por la que hemos perdido el equilibrio?

Ángeles cree que la gente se ha alejado de la naturaleza y del silencio. Hay mucha distracción, velocidad, demasiado trabajo; no hay tiempo suficiente para construir lo que es importante, no hay equilibrio entre el trabajo, el descanso, la familia. Las personas se hacen tiempo para el trabajo, en menor medida para la familia y los amigos, pero no se hacen tiempo para sí mismas.

¿Cree que hay un cambio hoy en el mundo? ¿Puede ser que ese cambio tenga que ver con la incorporación del amor en las empresas?

Afirma que hay una fuerte necesidad de no tener una vida dividida, de estar integrados. El amor por la familia, el amor por el trabajo, tienen que tener valores, y está entusiasmada porque la gente hoy quiere trabajos que tengan valor, que estén plenos de sentido; no le interesa solamente el dinero o la fama.

¿Quiénes cree usted que están más preparados para llevar adelante este cambio en las empresas, los que tienen un estilo masculino o uno femenino?

Considera que están más preparadas aquellas mujeres que no están imitando a los varones, con un estilo masculino. Es decir, la mujer que utiliza sus habilidades femeninas; porque hay muchas mujeres que han alcanzado el éxito imitando el estilo masculino. "Siempre hay *deadlines*, fechas límite para completar una tarea, y si siempre estás con que hay que terminar esto o aquello no se forman relaciones. Y tratan al empleado como una máquina y no como a una persona, es allí cuando las tareas no se cumplen."

¿Cree que las mujeres seducen a los hombres o los manipulan?

Se ríe. Y afirma que ambos lo hacen, también los hombres. De diferentes modos. Nos aclara: las mujeres comienzan con seducción y pueden seguir con manipulación. Usan la seducción del encanto, la adulación (estilo femenino). En cambio el hombre le da una tarea a la mujer, y si le gusta como la hizo, sigue con la seducción hasta cumplir su propósito (estilo masculino).

Conclusiones del entrevistador

Ángeles, una mujer sencilla y muy amada por todos los que tenían contacto con ella, lideraba con foco en servir a los demás. Era una maestra impresionante que se entregaba al máximo. Era increíblemente generosa y siempre estaba atenta a los detalles, a las miradas, a las posturas de los demás. Siempre tenía una palabra de aliento. Veía lo que los demás no podemos ver: el alma de los otros.

2. Entrevista a Patricia Aufranc (Argentina)

Resumen

Socia del Estudio Marval O'Farrell y Mairal. Fue la primera mujer en acceder a esa posición en el estudio jurídico más grande del país. Egresada de la Universidad de Buenos Aires, realizó un LLM en Harvard. Especialista en asesoramiento de empresas, cofundó el Foro Argentino de Mujeres Ejecutivas.

Entrevista

¿Qué representa para usted liderar?
"Mostrar el camino sin condicionar."
¿Hay algo netamente femenino?
"La oreja. Porque hay roles que son ancestrales, culturales o genéticos", y cita a Peter Drucker, quien decía: "La cultura se come a la estrategia en el desayuno". También agrega que se ha descubierto que las empresas exitosas lo son porque tienen habilidades *hard* sin descuidar las variables *soft*. Hoy en día se han dado cuenta de que la capacidad de liderazgo, la empatía, la comunicación —características que esencialmente se identifican con lo femenino porque tradicionalmente son inherentes al rol maternal (la madre era la que conciliaba en la familia)— son fundamentales. Esto ha hecho que las

características femeninas y las atribuidas al liderazgo contemporáneo en alguna medida coincidan, ya que el liderazgo de jerarquía militar ha pasado de moda hasta en los ejércitos modernos. Por eso, algunos consultores de management dicen que el liderazgo del futuro es el femenino. No es femenino porque haya más mujeres, sino porque ha evolucionado la sociedad de tal forma que algunas características que son esencialmente femeninas coinciden con lo que se requiere hoy en día para el liderazgo efectivo."

¿Sería un liderazgo que en el futuro tendría características más propias de lo femenino?

"Es un liderazgo que ya hace tiempo tiende a alejarse del parámetro tradicional de jerarquía militar, del 'yo soy el jefe y usted sigue la orden', a un liderazgo mucho más participativo y que es el estilo de liderazgo que la mujer tradicionalmente tiene en el hogar, que compatibiliza a los miembros de la familia, donde es la mediadora entre los niños que se pelean, pero eso es porque el mundo evolucionó así, no porque sea masculino o femenino. Yo conozco maravillosos líderes hombres y algunos de los grandes líderes del presente tienen este estilo."

¿Qué busca hoy un empleado que antes no buscaba?

"Busca mucho más liderazgo, comprometerse con los valores, transparencia. Las nuevas generaciones no conocen la privacidad y no tienen secretos, son mucho menos hipócritas. La cultura imponía que uno tuviese distintas formas de actuar o distintas fachadas. Hoy en día las nuevas generaciones son mucho más transparentes, se exponen mucho más pero son más sensibles a lo que ellos pueden creer que es hipocresía y no les cierra. Por eso es tan importante la comunicación, que los mensajes sean coherentes, buscan *role models*, les cuesta creer si no ven el ejemplo. Esta generación no trabaja 24 horas siete días a la semana, pero hipotéticamente está disponible 24 horas siete días a la semana, porque ves que contestan un mail a las tres de la mañana, cuando volvieron de bailar, y no era necesario contestarlo el sábado. Se podía esperar al lunes a la mañana." Nuestra entrevistada comparte con nosotros una reflexión acerca de la importancia del intercambio de roles: "Todos los especialistas en distintos temas, expertos en lavado de dinero, en control de cambios, etc., tienen la mitad de mi edad, ellos tienen la materia prima y yo el juicio, entonces es fundamental el intercambio de roles y, al discutir, sale algo nuevo".

¿Cómo ven, unen, manejan sus equipos los líderes femeninos?

"Yo involucro mucho al equipo; a diferencia de otros estudios de abogados, desde muy jóvenes los involucro en temas de gestión. Los jóvenes que trabajan conmigo desde muy temprano saben cuánto tiempo nos va a llevar un trabajo, qué es lo que puede ser rentable o no, cuánto podríamos cobrar. Los involucro mucho antes de lo que lo hicieron conmigo, y eso lo aprecian mucho. Al involucrarlos antes en temas de gestión, los jóvenes profesionales entienden más, responden mejor y se sienten más comprometidos."

¿Qué siente a la hora de liderar?

Se enumera una lista de emociones y Patricia responde: "Todas juntas según las circunstancias. Esto no es agua de pozo, hay un personaje de Molière que decía: 'Yo hago prosa sin saberlo'. Uno no piensa que está liderando, uno lidera. A veces la gente lidera desde el jardín de infantes. El que quiere liderar debe aprender a conocerse y escuchar. El que diga que no siente adrenalina, inseguridad, ansiedad, no debe haber pasado por todas las circunstancias de la vida.

"A mí me da muchísimo placer ver los logros del equipo, me da una enorme satisfacción cuando veo a mi equipo sonreír. El pensar que la gente está divirtiéndose con lo que está haciendo me pone feliz. Ansiedad, todos tenemos, es el mal de la época. El que no tiene ansiedad no tiene sangre. A mí la ansiedad nunca me domina, está en el fondo, si todo fuese agua de pozo sería aburrido.

"Confianza tengo, sí, pero no me tiembla la voz al decir 'no sé', me encanta decir 'no sé' cuando no sé. Me da confianza tener conciencia de cuáles son mis capacidades y mis flaquezas, y no quedarme al margen de mis falencias. En las reuniones hay muchas más mujeres que dicen 'no entendí' que hombres que dicen 'no entendí'. Estadísticamente no puede ser que todos los hombres hayan entendido. Lo que pasa es que les cuesta mucho más decir 'no sé'."

¿Qué es lo que mejor ha hecho como líder?

"Promocionar a mi equipo, ayudarlos a florecer; mi rol como líder es que mi equipo trabaje bien, que todos crezcan, que den lo máximo que puedan dar, que se sientan contentos y motivados con lo que hacen. Liderar con ejemplo. Me ha hecho muy feliz que muchos de mis *juniors* hoy sean socios de mi estudio."

Si en el ejercicio del liderazgo algo no sale como estaba planeado, ¿cómo lo resuelve?

"Si me doy cuenta de que me equivoqué, hago patente el error, realizo el cambio y pongo todo mi esfuerzo en solucionarlo. Nunca trato de tapar un error."

"Las mujeres tenemos un profundo sentido de la justicia, nos encanta ir hasta el fondo de la cosa y queremos discutirlo hasta el final. A los hombres no les gusta discutir, se sienten incómodos con la discusión. A veces hay que decir: 'Seguramente me equivoqué yo', aunque no sea necesariamente verdad." Y agrega con mucho humor: "Lástima que no me di cuenta 20 años antes. No lleva ni cinco minutos y se olvidan".

¿Qué hace una líder al conducir un equipo que no quiere cooperar?

"Primero buscamos la causa de por qué no quiere cooperar. Normalmente no debería haber un equipo que no quiera cooperar. Podrá querer hacerlo con más o menos entusiasmo. Hoy los jóvenes quieren divertirse en lo que hacen y yo me divierto en las tres cuartas partes de lo que hago. Yo creo que la gente cuando hace algo mal es porque o fue mal seleccionada para el puesto o no fue adecuadamente entrenada para la tarea. Pero si los seleccionaste bien, los entrenaste y no funcionan, hay que cambiar el equipo porque así no se puede trabajar.

"Si los escuchamos, probablemente entendamos que está bien que no quieran cooperar. La gente no entra porque sí en un piquete permanente en un medio de trabajo donde están cómodos. Siempre pienso que hay motivos. Siempre hay un miembro de un equipo que se perjudica al no cumplir con alguna de las exigencias. Entonces nos sentamos a conversar, se le explica que no puede dejar de hacer parte de su trabajo, se ve el motivo y se intenta resolverlo. Se busca la causa, se escucha y se lleva adelante un plan de acción."

Conclusiones del entrevistador

Su estilo de liderazgo es participativo, apuesta al profesionalismo y a la adaptación constante. Su foco: el equipo, la gestión de las personas y la innovación. Su fórmula de éxito pareciera basarse en varios pilares: profesionalizarse, estudiar, leer y hacer *networking*. Patricia es comunicativa y le gusta compartir sus conocimientos, está dotada de un gran entusiasmo por el aprendizaje.

3. Entrevista a Fernando Marín (Chile)

Resumen

Fernando es ingeniero comercial de la Universidad Adolfo Ibáñez, de Chile, con un MBA en Kellogg Graduate School of Business, en EE.UU. En su carrera ha pasado por Unilever, Booz-Allen & Hamilton, Fasa y Cencosud. Posee una amplia experiencia, con más de 15 años en *retail*, con un fuerte componente de visión estratégica y con énfasis en gerencia general, desarrollo estratégico, marketing, *Brand Management* y digital. Le ha tocado liderar diferentes procesos de negocios con responsabilidades regionales y locales. Además, fue enviado por Cencosud a Argentina por casi tres años a cargo de la gerencia general de Blaisten. Actualmente, es socio de WPM Partners en Chile y gerente general de Solventa Retail Financiero, perteneciente al grupo Socofar-Femsa en Chile. Fernando está casado con Paula y tienen tres niños. Le gusta practicar deportes y la música, especialmente tocar batería.

Entrevista

¿Qué representa para usted liderar?

Para Fernando, liderar es una gran responsabilidad, un desafío y un privilegio en términos conceptuales. Basa su idea en que lo que se está liderando son "personas", con lo cual hay que conocerlas y saber qué hacer para llevarlas adelante. Nos explica cómo diferencia él un jefe de un líder: "En mi forma de liderar aprendí que si quieres liderar personas, tienes que aprender a entrar en la vida de esas personas, siempre con respeto, entender cómo se paran las personas de tu equipo, qué les interesa, qué las motiva. Si realmente quieres que la persona se la juegue por esa visión tienes que hacerlo. En la vida uno tiene jefes que son sumamente capaces desde lo intelectual, que te van a enseñar mucho del trabajo y de lo técnico, pero los que van a dejar algo en ti, que serán referentes para tu vida, no solo en situaciones de trabajo, eso son los líderes. Así es como diferencio yo un jefe de un líder. Un líder logra comprometerte en cosas que ni te planteas, no te preguntas mucho y ya estás embarcado, sin mucha resistencia. El tema de liderar personas tiene esa cuota de responsabilidad y de desafío de tener que entrar en la vida de las personas".

¿Existen a su criterio distintos tipos de liderazgo?
"Sí, incluso uno tiene que tener distintos estilos. El estilo de liderazgo que yo tenía en Chile no me sirvió del todo en Argentina. Me pegué contra una muralla de seis metros. Yo venía acostumbrado a un estilo de Cencosud, donde somos bien ordenados y obedientes. Y llegué a Argentina con la misma filosofía, planteé el desafío y ellos se quedaron esperando instrucciones, porque la cultura de la empresa es muy jerárquica. Esperaban que yo dijera quién hacía qué. Ahí la gerente de RR.HH. me invitó a ir por otro lado, me dio algunas pistas y a mí me sirvió. Un líder tiene que tener una capacidad enorme de escucha porque uno no se las sabe todas, uno no puede andar por la vida siendo amo y señor de todos los conocimientos y de todas las soluciones. Yo en ese momento podría no haber escuchado a la gerente y querer seguir mi camino hacia los números y las metas que me exigía la corporación. Pero tuve que cambiar mi estilo de liderazgo, ir a algo más cercano y duro en algunas cosas. Escuchar y preguntar: 'Díganme ¿cómo lo hacemos?'. Y cuando volví a Chile me tocó liderar el equipo de *e-commerce*, que en promedio tenía 30 años de edad; otro estilo, otra gente, otra generación. Son personas que van a otro ritmo, otra frecuencia, con propósitos en sus vidas muy distintos. Yo tengo 43 años, tengo niños en el colegio. Tuve que amoldarme otra vez y ver qué estilo aplicaba a este grupo."

¿Cómo es su estilo de liderazgo?
"Hay ciertos pilares que son míos más allá de la circunstancia, el tema humano es mío, no puedo liderar sin entender quién es cada una de las personas en su vida, dónde les aprieta el zapato. Para liderar necesito tener las partes *soft* y partes *hard* que se basan en un plan de trabajo, en un objetivo claro, en ciertos hitos que vamos a ir cumpliendo. Tengo que tener un orden, una carta de navegación. Ese *mix* a mí me ha funcionado. Cuando estuve en situaciones críticas, nunca me tembló la mano

para hacer lo que había que hacer y demostrarlo. Y por eso también me gané un respeto. Logré que entendieran que pueden contar conmigo desde lo humano, pero también que sepan que soy firme cuando hay que sacar las cosas adelante."

¿Considera que existe un estilo de liderazgo femenino?

"No sé si existe un estilo de liderazgo femenino tan marcado. Para mí un pilar de un liderazgo efectivo es tener pasión por lo que uno hace y transmitir esa pasión, y no creo que sea una característica de un hombre o una mujer tener un estilo apasionado, es de ambos. Así como la capacidad de asumir riesgos también es propia de ambos géneros, quizás la mujer pueda calcular más cosas antes de tomar riesgos, pero la capacidad de tomar riesgos es de ambos. Creo que los hombres somos menos humildes, la mujer es más humilde para reconocer sus errores. Los hombres tendemos a no reconocer que nos hemos equivocado. La mujer tiene más capacidad de aprender del resto, tiene más capacidad de escuchar. Puede que haya algunos elementos que estén más marcados en unos que en otros."

Y si habláramos de un liderazgo femenino sin hacer referencia al género, más empático, contenedor, humano, ¿lo reconoce?

"Sí, creo que esas características están más en la mujer, que le son más cercanas, lideran más desde lo humano, tienen una sensibilidad diferente y eso hace que instalen conversaciones de distinta manera, que entablen relaciones de distinta manera con su gente; tienen mayor capacidad de escucha, pueden ser más maternales; con respecto al hombre, muchas veces es más frío, calculador, es más orientado al resultado, le cuesta más al hombre entrar en los temas *soft*."

¿Percibe que ha crecido ese estilo de liderazgo? ¿Y por qué cree que ha ocurrido?

"Hoy en día las empresas están preocupadas por el *feedback* constante con su gente, tanto darlo como recibirlo. Tener la capacidad de escuchar y decir al jefe lo que nos pasa, cosas como 'comunicas poco, no me involucras, no estoy de acuerdo con la decisión, esta meta no corresponde, me estoy llevando mal con tal y no sé cómo solucionarlo'. Como jefe te empiezas a enfrentar con cosas totalmente nuevas, y además están las redes sociales. Ahora más hombres y mujeres están trabajando juntos, antes quizás era más sesgado. Todos esos factores han hecho que los líderes tengan que repensar y replantease cómo trabajan para sus equipos."

Los líderes femeninos, ¿tienen un estilo particular de manejar los equipos de trabajo?

"Sí, tienen más capacidad de escuchar, logran expresarse mejor, es una condición natural porque son capaces de expresar lo que sienten y lo que están pidiendo; los hombres son más ostras, más cerrados; ellas tienen más capacidad de explicar y enseñar.

"Como líder tienes que ver a esa persona, tienes que saber cuáles son los dolores que le aquejan, qué le está pasando, por qué no ha sido capaz y preguntarle qué opina de tu trabajo, por ahí encuentras un espacio; eso para mí es parte del trabajo diario, y tratas de dejar huellas. Si pasas por un equipo y no dejas nada, creo que es lamentable y perdiste el tiempo. Si no has dejado algo en alguien es porque no fuiste capaz de dar lo suficiente ni de haber reconocido que siempre te estaban observando. Si yo no hubiera tomado conciencia de que había 450 personas mirándome o de lo que lograba o podría haber logrado en otro, significaría que no había entendido nada."

Si en el ejercicio del liderazgo algo no sale como estaba esperado, ¿cómo lo maneja?

"Tiene que ver con la capacidad de aprendizaje. A mí varias veces no me han salido las cosas como lo esperaba.

"Lo primero que hago es reunir al equipo, lo hablo con ellos, los ordeno, revisamos las prioridades, los objetivos, dónde estamos fallando, qué podemos corregir, detectar oportunidades de mejora. Soy bastante pragmático en esas situaciones, trato de sacar el barco a flote y poder decir: este es el nuevo camino. También me ha pasado ver errores en proyectos laterales, y voy y expongo mis ideas."

¿Cómo se maneja en caso de tener un equipo que no quiere cooperar?

"Sí, me ha tocado. Lo primero que hice fue observar con paciencia, después pedir y empezar a evaluar si el plan tenía lógica, después dejar hacer y pedir que lo ejecuten, y ahí ya tienes una idea del proyecto. Cuando el equipo no quiere hacer algo hay fallas. Siempre trato de dar espacios, de crear y ejecutar, y cuando detecto que no van a generar lo esperado tengo una conversación muy franca, doy oportunidades hasta cierto punto. Trato de transmitir una visión común y que todos aporten a esta visión común teniendo claro lo que se quiere hacer; una vez que eso está claro y uno dio su visto bueno y no empiezan a pasar cosas, voy de frente."

Conclusiones del entrevistador

Su estilo de liderazgo es situacional y humanista, con la mirada enfocada en liderar con el ejemplo y los valores. Su fórmula del éxito se basa en un equilibrado *mix* entre el manejo de variables *hard* y *soft*, teniendo siempre presente que su equipo está formado por personas. Fernando se pone a disposición de sus compañías y equipos, jamás delega una responsabilidad y lucha contra los estereotipos. La sensibilidad, la observación, la comprensión, el manejo de las habilidades blandas y el foco en lo humano son su sello personal. Es una persona de gran apertura, humildad y compromiso con la temática; gran comunicador, con una actitud de aprendizaje constante.

4. Entrevista a Mercedes Rigou (Argentina)

Resumen

Asesora Financiera en Wells Fargo Advisors; Primera Vicepresidenta (1994-2011) en Citigold; en Citibank, Oficial de Cuenta, Vicepresidenta (1990-1994). Estudió Sociología en la Universidad Católica Argentina (UCA), vive en Miami. En la actualidad es asesora financiera independiente.

Entrevista

¿Qué significa *liderazgo femenino* para usted? ¿Cuáles son sus características principales?

Mercedes nos describe una lista de características de los líderes femeninos: "Al hablar, usan el plural; generan más confianza que los hombres; bajan las cosas a la realidad cotidiana; se sienten muy responsables por los demás; desarrollan relaciones y establecen vínculos a largo plazo; manejan mejor los temas profundos y emocionales, y detectan errores que nadie ve".

¿Cree usted que los hombres prefieren el liderazgo femenino? De ser así, ¿por qué será?

Coincide y explica las razones: "Hay menos competencia, no se sienten amenazados, ellas enseñan mejor (capacitación), comparten su conocimiento, son más generosas. La mujer se rodea de hombres y mujeres inteligentes, tiene mayor manejo de equipo, es interdisciplinaria, deja crecer a sus equipos porque sabe enseñarles; es más difícil para la líder femenina trabajar sola porque necesita *feedback*, escuchar, discutir los temas".

¿Qué costos tuvo que pagar por ser una líder femenina?

Responde que inicialmente se puso nerviosa, agresiva

y acelerada hasta que encontró su estilo: "En las finanzas (donde el 90% son hombres), les costó confiar en una mujer, ya que los hombres eran los que manejaban el dinero". En la actualidad, las mujeres son sus mejores clientes.

¿Hay diferencias en el comportamiento de los varones cuando están solos frente a una mujer líder y cuando están en grupos?

Enfáticamente dice Mercedes: "¡Totalmente! Juntos actúan como cofradía o como grupete. Toman coraje. Se indisciplinan. Eso está relacionado con la masculinidad, que se potencia en grupo".

¿Cuál ha sido su mayor gratificación como líder?

Mercedes refiere que la diferenciación ha sido su gratificación, al haber conseguido algo que ninguna otra había logrado en ese momento, y se siente orgullosa por ello.

¿En qué situaciones debe ejercer un estilo directivo, de comandancia, en su liderazgo? ¿Cómo pone los límites?

Nuestra entrevistada comparte que no da un portazo y se va, no puede tratar mal a los demás; si lo hace se queda mal. Confiesa que le cuesta el proceso de toma de decisiones, pero que tiene un estilo frontal y respetuoso. Dice todo lo que piensa a su jefe de buena manera. La sacan de quicio la arbitrariedad y la injusticia.

En cuanto a su estilo para poner límites en su equipo, expresa que es la *firmeza*:

1) No hay lugar para el error, porque se manejan dinero y transacciones financieras.
2) No admite excusas. Si hay un error debe admitirse en forma inmediata.
3) Pregunta cómo se puede resolver.
4) Explica que el error lo pagan entre todos.
5) Les advierte: ¡no nos puede pasar otra vez, somos todos responsables! (habla en plural.)

Para ella, el amor al trabajo está en los detalles.

Conclusiones del entrevistador

Mercedes es una luchadora valiente e incansable, una mujer que sobresalió en un mundo de hombres, que rompió el molde y se hizo respetar. Transmite responsabilidad, seguridad y confianza en todo momento. Tiene un gran nivel de adaptabilidad a los cambios y sentido de autoridad. Es una referente importante en el ámbito financiero de Argentina.

5. Entrevista a Fernando Mas (Argentina)

Resumen

Hijo de un reconocido futbolista, Fernando ha tenido una larga trayectoria como jugador en las divisiones inferiores de River Plate y Vélez Sarsfield y como preparador físico de fútbol. Realizó el Profesorado de Educación Física. Actualmente se desempeña como profesor de la Escuela de Fútbol del Club Atlético River Plate y es preparador físico de las divisiones inferiores del Club San Lorenzo de Almagro. También tiene su propio emprendimiento de marketing deportivo en el que se encarga de organizar campeonatos de fútbol a gran escala en Buenos Aires y el interior del país.

Entrevista

¿Este trabajo fue una elección tuya?

"Más que una elección, estoy viviendo de esto", dice mientras nos comenta que siguió una carrera terciaria. "Arranqué sin saber que terminaba en esto."

¿Cómo es el equipo de profesores de fútbol?

"Somos muy heterogéneos pero con un factor común: la pelota." Comenta que improvisan quién lidera cada entrenamiento, que él no es el líder formal. Posteriormente aclara: "Logro liderar cuando me toca, con un poco de carisma, teniendo capacidad y queriendo lo que haces, así lideras. Cuando el jugador te quiere, te respeta, y si haces las cosas bien, te siguen. Hay que hacer que los chicos se diviertan. No tengo el puesto formal, pero me gusta liderar. La opinión y el consenso de todos los profes es fundamental, después manejo los tiempos yo".

"Yo respeto mucho la edad, cuando agarran la manija los más grandes, yo los sigo, me gusta seguirlos. Aprendí mucho de los referentes, yo me hice escuchando a los más grandes."

¿Qué significa en tu criterio liderar con mente femenina? ¿Cuáles son sus características?

Define el liderazgo masculino: "Tuve problemas con líderes autoritarios, chocamos. Son rígidos, no negocian. Yo no comparto ese estilo".

Sobre el femenino: "Hoy se trabaja en equipo. La opinión de todos es importante. Hay varios que están jubilados y se van a retirar, nuestra responsabilidad es seguir con este tren, honrar su trabajo, su legado.

"A mí no me gusta la formalidad. Me gusta abrazar, dar besos, hablar simple. El chico la tiene que pasar bien. Hay que salir de lo cuadrado, lo estructural. No me gustan las jerarquías, que me digan señor. Yo junto a padres, profesores y alumnos para las rifas."

¿Qué valoras en los chicos al elegirlos para jugar?

"Respeto a los que vienen hace mucho tiempo. Siempre hay uno que está arriba de todos, pero no se debe notar. Después valoro la seguridad: hay chicos que están preparados para un torneo y chicos que no, y yo no quiero que ninguno se vaya golpeado, los cuido mucho. Si alguien no está listo, no lo pongo en el equipo. Porque cuando vamos a un partido fuera del entrenamiento acá en el Club, todos nos quieren ganar, cambia el contexto y los tengo que cuidar más que nunca. Ellos saben que tienen que hacer caso, tienen que venir a entrenar, ser buenos compañeros, estar alegres, tener una sonrisa."

¿El puesto del chico en la cancha, ¿lo buscas tú o el chico?

Nos comenta que es él quien le sugiere el puesto y los va convenciendo de a poco hasta que los chicos le encuentran el gusto. Les marca el puesto en una carpeta que tiene y les muestra cómo sacarle el jugo al puesto, eso convence a los chicos.

¿Por qué te parece que creció tanto este tipo de liderazgo en los últimos años?

"La sociedad cambió, la mujer tiene otro rol, cambiaron los padres: ¡hoy cambiamos pañales!" (Fernando acaba de tener su primer hijo hace días.) "Hoy las tareas están repartidas en casa. El hombre se volvió más sensible y lidera desde otro lugar. Mi papá le pedía el café a mi mamá, hoy se lo llevo yo a la cama a mi mujer."

¿Cuál crees que es el rol de los abuelos en la formación de los chicos?

"Las canas de un abuelo son de liderazgo. Los abuelos y las abuelas con sus nietos son líderes natos, les enseñan los valores, lo que está bien y mal. Galoparon tantos años que son pilotos de tormenta."

¿Cuáles son los valores que defiendes y promocionas en tus equipos?

"El *respeto*, es trillado pero es importantísimo. El *esfuerzo*, de levantarse a la madrugada e ir a entrenar. El *compromiso*, con el equipo, con los otros chicos, con el profe. El *sacrificio*, para darlo todo, hasta el último aliento."

¿Cómo logras darles ese sentido de pertenencia tan fuerte hacia el Club?

"Los hacemos cantar a los chicos, les hablamos de los jugadores, les decimos que viene Gallardo, el DT de River. Les decimos que hacen el mismo entrenamiento que el equipo mayor. Les hacemos hacer juegos como si estuvieran en una final. Hacemos que se sientan como si estuvieran en una cancha ante 80.000 personas."

Continúa emocionado: "River es la Casa Blanca del fútbol mundial. Cuando entro al Club, siento que piso una alfombra roja, y lo transmito.

"Cuando me pongo a armar un torneo o un viaje, me pongo de lleno y lo saco adelante. La pasión supera lo laboral, vale más, con pasión todo se puede."

¿Cómo manejas a los padres en el partido?

Vuelve a sonreír y dice: "Los padres son otra cosa. Hay muchos papás. Cada uno mira distinto la actividad. Algunos piensan que el hijo va a jugar en Primera a la semana de comenzar, les gritan como si fuera un partido oficial, como si fueran grandes; están equivocados. El padre tiene que estar alineado a nuestro objetivo: que los chicos se diviertan y la pasen bien". Y continúa diciendo: "Si un padre no se ubica y le grita algo al chico distinto de lo que le dije yo que hiciera, lo invito a dirigir el partido, así se dan cuenta de qué se trata".

¿Cómo trabajas la frustración de los chicos?

"Es difícil. Hay que trabajar desde la casa y desde el Club. Hay que seleccionar a los que pueden tolerar la frustración. Trato de que vayan todos a jugar, porque no me gusta dejar a los chicos afuera, por eso los roto."

¿Cómo te conduces en un país lleno de directores técnicos?

"Todos saben y todos opinan. No se puede hacer nada. Lo peor es la hipocresía, el mismo que insultó a un jugador, a los 5 minutos pide a gritos que vuelva o festeja cuando hace un gol en la misma jugada. La cancha se ve distinta desde todos lados, por lo que a veces los invito a entrar al campo, ahí se dan cuenta de la realidad."

¿Qué sientes a la hora de competir?

"No quiero ganar, quiero que no se lastimen. El trabajo (dinero) queda en segundo plano. Me voy lleno en cada partido, ganen o pierdan. Pasas por todo: felicidad, admiración, regreso a cuando jugaba yo. Me apasiona ver cómo gritan el gol, cuando felicitan al arquero. Los equipos del interior del país nos ven como el Vaticano cuando viajamos, pero los nuestros son chicos comunes, como ellos, por eso hago que se saluden, que los respeten, que los valoren, son como ellos. A veces resalto al otro equipo o les muestro a un jugador que juega bien de ellos, para que aprendan."

¿Cómo eliges a quién sacar en un partido y cómo lo haces?

"En un partido tiene que haber muchos goles, pero parejo para ambos equipos. Los chicos ya saben que cada 10 minutos saco a alguno. Depende de cómo está el partido. Van de la mano ganar y que se diviertan, es una balanza. Si nos hacen 80 goles nadie se divierte. Ganamos o perdemos 3 a 2, no más. A los rivales no hay que hacerles 20 goles, está mal, es una cuestión de principios. Si comenzamos a golear saco a los mejores."

¿Cómo motivas a los chicos cuando pierden?

"Les digo que es parte del aprendizaje. Se lo digo también cuando ganan: que les va a tocar ganar y perder muchas veces, que el miércoles otra vez hay que entrenar. Perdimos 8 a 5, pero el próximo lo vamos a perder 8 a 6 y así hasta ganarlo. Hay que valorar todo el esfuerzo que hicieron".

¿Cómo fue abandonar el sueño de ser preparador físico de Primera División del fútbol profesional?

"No lo abandoné. Se está asomando otro por atrás. Quiero estar más tiempo en mi casa. Lo analizo un montón. Manejo todo con el sentido común, yo nunca toqué un libro de nada, solo junto gente con onda para trabajar. Pero tengo claro que a River no lo dejo por nada. River es un planeta aparte en mi vida. Quiero llegar a ser director de la Escuela de Fútbol. Yo trabajo duro, si me ven, mejor, pero yo trabajo, no hago política. La tarea nuestra está adentro con los pibes. No estamos para ir a hablar con uno u otro, estamos para enseñarles a los chicos", reflexiona.

¿Cómo serían las organizaciones con líderes menos políticos?

Fernando, como muchos otros, piensa que "serían más sanas, más justas, más creativas, romperían el molde, las estructuras. Si yo dirigiera un club sería un gran equipo, pero eso sí, que no me fallen".

¿Qué pasa cuando te fallan o te traicionan?
"Yo me entrego todo, cuando me traicionan es muy doloroso. Cuando uno pone tanto, duele mucho. La familia y la casa son muy importantes en un jugador, porque son los que te contienen cuando los demás te fallan."

Conclusiones del entrevistador

Fernando es un típico ejemplo de un líder amado por sus seguidores. Es un gran motivador, ejemplo de carácter y disciplina con un nivel de pasión por lo que hace poca veces visto. Se divierte en lo que hace y lo demuestra permanentemente, aunque se toma muy en serio cada actividad que desarrolla. Es un conductor nato, que expresa con claridad lo que quiere y exige a sus jugadores, pero siempre está pendiente de ellos y sus necesidades. Autoridad con gran corazón.

6. Entrevista a Cristina Mejías (Argentina)

Resumen

Cristina Mejías es socióloga, conferencista y escritora. Graduada en la Universidad Católica Argentina, realizó especializaciones en universidades europeas y estadounidenses, dedicando su vida a los recursos humanos. Introdujo en Latinoamérica innovadores conceptos como el de *outplacement* y el marketing personal. Fue representante de la Asociación Mundial de Profesionales en Gestión Profesional. Es miembro activo de la Academia Internacional en esta especialidad, de la International Association of Corporate & Professional Recruiters, y de la Society for Human Resource Management. Globalmente, fue miembro de EMA, Partners International (*network* de *head-hunter*) y corresponsal de Right Management Consultants. Tres veces designada miembro del Consejo de Administración del Instituto Internacional de SHRM. Durante más de 20 años Cristina ha publicado diferentes obras: *Entre usted y yo, Planificación de carrera y cambio laboral, Entre ayer y hoy* y *El sillón vacío*, entre otros. Desde hace más de 30 años lidera su propia compañía.

Entrevista

¿Qué significa *liderazgo femenino* para usted? ¿Cuáles son sus características principales?

Para Cristina, liderazgo femenino significa valentía; utilización del pensamiento lateral porque las cosas no tienen que seguir siendo como son; una noción más moderna de la familia, donde se disfruta más de la profesión. Significa también conciliación porque se buscan puntos intermedios.

Desde lo personal, considera que las líderes femeninas están divorciadas porque el hombre no las acompaña o tienen matrimonios que las apoyan y entienden, hombres con confianza en sí mismos. Sin competencia.

¿En qué se diferencia el líder con estilo femenino del masculino? ¿Cuáles son las ventajas del primero?

Cristina resume el estilo femenino en tres conceptos:
- Estimulan menos la política interna (trampas, alianzas, traiciones).
- Miran el sueño, hacia dónde van. Son románticas, no se focalizan en el "ahora", como el estilo masculino.
- Tienen una mirada más humana.

¿Cree usted que los hombres prefieren el liderazgo femenino? De ser así, ¿por qué será?

Afirma que los hombres prefieren el liderazgo femenino porque creen que las mujeres son más fáciles de manejar. Y agrega que quien fue liderado por una mujer ya vivió la experiencia positiva.

¿Con qué barreras se encontró en el camino del liderazgo?

Cristina comparte que la primera barrera con que se encontró fue la de los prejuicios, que cuando comenzó eran muy fuertes. Que se masculinizaba porque era la única forma de ser escuchada. Incluso la moda de las ejecutivas era el traje, a imitación del hombre. Y finaliza diciendo que los primeros que confiaron en ella eran "grandes".

¿Qué costos tuvo que pagar, Cristina?
"Los costos fueron sociales, físicos, culturales:
- En una primera juventud, hasta los 45 años, la pérdida de amistades. Trabajaba seis días a la semana, 12 horas por día, nada de vida social.
- Una úlcera: mi vida gastada en almuerzos de negocios. Es absolutamente insalubre trabajar tanto.
- La gente fantaseaba con que yo daba trabajo y me hostigaban con currículums. Se paraban a hablarme, me recitaban sus currículums."

¿Hay diferencias en el comportamiento de los hombres cuando están solos frente a una mujer líder y cuando están en grupos?
Cristina considera que sí, y afirma que cambia mucho si la interlocutora es mujer. Por ejemplo, si un hombre es entrevistado por una mujer es distinto que si es entrevistado por un hombre. Ve que existe el machismo de la seducción. Los hombres subestiman a la mujer.

¿Qué gratificación recibió o recibe en el ejercicio del liderazgo?
El éxito de su equipo y la posibilidad de ayudar al prójimo es lo que más la gratifica: "Lo más grande y maravilloso es que el 80% de los que trabajaron conmigo hoy son exitosos". Y agrega: "Caminar por la calle y que paren para decirme que los ayudé". Recuerdan su paso por sus vidas.

Por último, "haber armado un sueño que se cumplió y poder tomar otro rumbo: es muy femenino".

¿En qué situaciones debe ejercer un estilo directivo, de comandancia, en su liderazgo? ¿Cómo pone los límites?

Cuando la empresa comenzó a crecer tuvo que ejercer un estilo directivo utilizando la frase: "¡Esto se hace así y se hace así!". Cristina Mejías no cree que las mayorías, por ser mayorías, tengan la verdad. Para ella cada uno puede tener una distinta visión, entonces escuchaba todas las opiniones y luego decidía.

Recomienda dejar la espontaneidad para otro momento: "Nunca hay que ser espontáneo, es necesario detenerse a pensar y tener una visión objetiva. Cuando uno lidera es mucha la tentación de reaccionar".

Dice que prioriza la justicia a la aprobación: "Nunca pretendí que me quisieran, sino que fui justa".

¿Cómo maneja el propio ego en el ejercicio del liderazgo?

Cristina tiene una visión muy particular, manifiesta que las mujeres tienen marido e hijos que son máquinas de bajar el ego. Si bien ella *nunca se la creyó*, el éxito de su carrera fue resultado del marketing, el profesionalismo y mucho esfuerzo.

¿Cómo resuelve la relación trabajo-salud-familia?

Priorizaba su carrera antes que a su familia y descuidaba su salud: "Ahora me gano la vida con mi salud física y mental, y la cuido por eso".

¿Cómo ejerce la autoridad en el hogar? ¿Replica el estilo del trabajo?

Para ella la vida laboral no es trasladable a la familia. Argumenta que en la casa hay que "bajar un cambio". En la casa no somos ejecutivos. Dice que tanto en la familia como con los amigos hay que aprender a callar y sugerir. Finaliza compartiendo que la vida pública molesta cuando uno vive la vida social (restaurant, cine, etc.).

Usted, líder femenina, ¿qué necesita de los demás, qué les pediría?

"Que me escuchen."

Conclusiones del entrevistador

Cristina parece tener un estilo directivo en el que pone límites en forma directa, con claridad y respeto. Busca hacer una diferencia en su profesión y se enorgullece de haber guiado y formado a otros líderes exitosos, que reconocen su trayectoria. Garra, coraje, fuerza, parecen ser algunas de sus tantas virtudes.

7. Entrevista a Marta Harff (Argentina)

Resumen

Hija de inmigrantes alemanes y polacos, Marta Harff puede ser considerada una mujer de éxito, emprendedora y verdadera líder. Con un excelente desempeño académico, se graduó en la Universidad de Buenos Aires de licenciada en Administración de Empresas y de Contadora Pública Nacional. Inició su carrera de emprendedora junto a Valot, en el desarrollo de productos de higiene institucional; le sucedió Marta Harff (jabones con formas de frutas con sus respectivos aromas). En 1989 abrió nueve negocios y luego se expandió con franquicias que fueron un éxito desde su inicio. En 2000 fue considerada la empresa emergente número uno por la revista *Negocios*. Fue premiada en Venecia como The Leading Women Entrepreneurs of the World. Luego inició Mantova Arte y Diseño, un emprendimiento de decoración y arte. Entre 2002 y 2007 comenzó un nuevo desarrollo, El Barreal, con productos *gourmet* no perecederos totalmente artesanales. Luego abrió Per Fumum Bue, donde todos los productos giran alrededor de los aromas. Este nuevo proyecto está en total expansión. En 2012 ya contaba con cuatro locales en Buenos Aires y dos en Brasil.

Entrevista

¿Qué significa *liderazgo femenino* para usted? ¿Cuáles son sus características principales?

Marta nos cuenta que en su opinión las mujeres están

genéticamente preparadas para el liderazgo. Su estilo es: consensuar, educar, generar equipo, solidarizar. Dice que la mujer tenía que administrar una casa, por ello no tuvo que aprenderlo. El "cuidar" es propio de ellas, de su naturaleza.

Con respecto al estilo de liderazgo, el femenino no es el liderazgo del "poder". No lo necesita, prefiere la participación humana.

Según su visión, las características del liderazgo femenino están dadas por los atributos femeninos. Y cierra manifestando que los líderes femeninos no están dispuestos a sacrificar la familia.

¿Cree usted que los hombres prefieren el liderazgo femenino? De ser así, ¿por qué será?

Para Marta Harff no es una cuestión de género sino de estilo: "No hay 'masculino' o 'femenino', es un estilo nuevo. Hoy el *Pater* poderoso ya no tiene cabida. La empresa ya no es para toda la vida. Las mujeres están acostumbradas a hacer las cosas en equipo, arman redes. A veces la mujer es demasiado informal o indirecta".

¿Con qué barreras se encontró en el camino del liderazgo?

Ella considera que hizo las cosas bien. Probablemente, en el momento no se dio cuenta de que le querían ganar. Nunca le dio importancia.

Ella "quiso" tomar el lugar del número dos en la organización (se refiere a su paso por Valot), eso no fue una barrera. Opina que los líderes con perfil femenino se ponen a la par en lugar de pelear, y esto evita muchas fricciones.

¿Qué costos tuvo que pagar?

Nos relata que "los costos fueron físicos y de calidad de vida":

- Su máxima capacidad estuvo en el trabajo.
- La adicción al trabajo.
- Una mala calidad de vida.
- Un cáncer de mama hizo que se replanteara todo y se abriera paso sola.

Concluye diciendo de una manera muy sabia: "Cometí errores, aprendí mucho de ellos".

¿Cómo resuelve la relación trabajo-salud-familia?

Nos cuenta que la culpa es omnipresente. Comparte el hecho de su maternidad tardía, ya que tuvo un hijo a los 47 años.

Su receta: tener la visión acotada, aprender a delegar y aceptar que hay cosas que no se van a lograr. Priorizar y elegir, "antes que estar en todas partes saber decir que no; darse cuenta de que existe mucho que no sirve para nada; si algo no suma, saber decir 'no'."

¿Cómo ejerce la autoridad en el hogar? ¿Replica el estilo del trabajo?

Marta no replica el estilo del trabajo en la casa. Considera que en la casa no es una líder admirada, sino una *laburadora*. Para ella creérsela no está bien: "Me gratifica, pero no me la creo".

¿Cambiaría algo de su historia?

"Lo que hago ahora lo considero un juego, el rol de dueña es un lugar formal."

Conclusiones del entrevistador

Marta es una emprendedora serial muy exitosa y apasionada. Tiene una gran visión de negocio. Forma muy buenos equipos y le gusta liderar. Se la ve reflexiva, auténtica, fresca, valiente y asertiva a la hora de decir que no. Es muy querida y admirada.

8. Entrevista a Jorgelina Roset (Argentina)

Resumen

Jorgelina tiene 44 años; es arquitecta egresada de la UBA. En lo personal es madre de dos hijas: Victoria de 16 años y Lucía de 12. La conmueven las expresiones artísticas en general, y en particular la pintura del Renacimiento.

En lo profesional comenzó trabajando en diversos estudios de arquitectura. Luego fue vendedora en una empresa de fabricación de aberturas de alta gama. Siguió en la empresa Home Depot como vendedora *part time*. A los 30 años comenzó su carrera en Cencosud como asistente de compras, y luego fue gerente de negocios en Easy. En 2010 recibió una oferta en Blaisten para asumir como gerente comercial, lo cual llevó a que dos años más tarde tomara la responsabilidad de toda la compañía.

Sus logros: incorporar Blaisten al grupo Cencosud adoptando los procesos y las exigencias de una empresa regional. Conseguir una compañía rentable y obtener el premio de Great Place to Work de Argentina, puesto número 11 en los años 2014 y 2015.

Entrevista

¿Qué significa *liderazgo femenino* para usted? ¿Cuáles son sus características principales? ¿En qué se diferencia un líder femenino de uno masculino?

Roset señala que lo más importante es tener bien claras las marcadas diferencias entre lo masculino y lo femenino.

En primer lugar, señala la "sensibilidad", tan propia de lo femenino, y de la cual está tan necesitado hoy el mundo: "Hay que liderar de la misma manera en que una es madre". Liderar, indica, es llevar a un grupo de personas adelante, tras un objetivo común y complementándose entre todos; por lo tanto es imprescindible, como punto de partida, desear el bien del otro y esto es liderar con amor. "La ecuación es: cuando las personas están bien, los equipos también están bien, y el resultado será que la empresa estará bien."

Liderazgo femenino también implica tener la cabeza fresca, abierta, sin atarse a estereotipos o reglas implícitas. Al no tener la obligación de "mostrarse", como tiene el liderazgo masculino, se trabaja con menos presión, aunque con las mismas exigencias de resultados, por supuesto.

La coherencia es, para Roset, un valor muy importante. Enfatiza la particularidad de ser cariñosa y equitativa en el estilo femenino de liderazgo. Otras que destaca son la intuición, la observación del otro y la escucha.

¿Cómo generan equipo estos líderes?

En cuanto a la generación del equipo señala que es necesario conocer bien a sus miembros, sus fortalezas y debilidades, entender qué es lo mejor que cada uno puede aportar. Debe dedicarles tiempo, escucharlos. Esto permite saber lo que quieren y lo que necesitan. Favorece que se complementen entre ellos; de esa manera ayuda a todos a alinearse hacia el mismo objetivo.

Con respecto a los conflictos entre los miembros del equipo, los invita a que los resuelvan entre ellos. En lo posible, no interviene; siempre apunta a lograr que se genere un acuerdo.

En otro orden de cosas, considera que es una ventaja para aprovechar el hecho de que haya mujeres que lideran en su empresa porque no hay preconceptos, ni pautas escritas, no hay un patrón de liderazgo masculinizado; por eso es una oportunidad para plasmar un estilo nuevo.

¿Le sirvió tener hijos antes?

Considera que haber tenido hijos antes de ser una líder la ayudó muchísimo. Le enseñó a observar demandas, a prestar atención a los gestos cuando el hijo no puede o no quiere expresar lo que le ocurre. La experiencia como madre le permitió acercarse a las personas de su equipo de otra manera. Intenta no dar nada por sentado, si alguna respuesta no le cierra, insiste en la indagatoria. Especialmente, le ha enseñado a evaluar si un determinado momento es el adecuado para acercarse al otro o es conveniente esperar.

¿Cómo maneja las confusiones que pueden tener sus empleados con su rol (madre-mujer-líder)?

Si bien ella lo tiene muy claro, reconoce que al hombre le cuesta más cambiar el modo de comportarse (como hijo, como varón, como subalterno). Pero esto lo soluciona conversando y aclarando el tema con cada uno, nunca en grupo. Para ella, la función de madre consiste en crear un ámbito distinto para cada persona (no en el espacio físico, sino en cuanto a la situación personal de cada cual). En grupo, ella es la autoridad, la líder.

Asimismo, conduce el tema de los celos que puedan generarse con una permanente actitud de búsqueda de equidad: "A cada uno lo suyo; esto es, a cada uno diferentes tiempos, diferentes acercamientos, según lo que cada uno necesita". Por eso, recalca que es importante conocerlos y también es fundamental dejarse conocer por los colaboradores, para que interpreten correctamente sus acciones, sus gestos, sus palabras.

¿Con qué barreras se encontró en el camino del liderazgo?

En su caso particular, ser mujer la benefició. Al tratarse de un rubro con muy pocas mujeres, los hombres la levantaban como estandarte cuando ella llegaba. Logró entrar en un ámbito que tenía una óptica netamente machista.

También sintió la culpa por temas familiares: dejar a los hijos para ir a trabajar o faltar a la empresa por los hijos. Está contenta porque hoy los hombres también cumplen ese rol del cuidado de los hijos. "La mujer le pidió al varón que cumpliera más activamente el rol de padre. En ese sentido, los sexos se equilibraron y ganamos todos."

¿Hay diferencias en el comportamiento de los varones cuando están solos frente a una líder mujer y cuando están en grupo?

Para ella está muy claro que los hombres se comportan de manera muy distinta si están solos o si están en grupo. En este último caso, cada uno trata de mostrar que sabe más, o que tiene más fuerza. Sería como una cuestión de competencia entre hombres (estilo masculino) y no respecto de la líder mujer. En cambio, cuando están solos, se animan a ser ellos mismos, se abren, se muestran vulnerables. También destaca cómo los hombres, cuando están solos, confían en su discreción.

¿Qué gratificación recibió en el ejercicio del liderazgo, Jorgelina?

Con este tema se muestra abiertamente entusiasmada. Afirma que ha recibido todas las gratificaciones posibles. Y ciertamente parece ser así, cuando especifica algunas de ellas. En primer lugar destaca el éxito que tiene en las relaciones con los empleados. Digno de mención es el hecho de que un colaborador hombre, en una reunión de trabajo, comentó con orgullo que tenía una líder mujer. Finalmente, como broche, cuenta que es una gran satisfacción que su hija diga que quiere ser como ella. Y en el marco más formal fue muy gratificante para ella que la empresa obtuviera el puesto número 11 de Great Place To Work, lo que confirma el buen camino de su estilo de liderazgo.

Cuando se le pregunta qué se lleva, o qué se llevará de la empresa, es categórica: "Me llevo gente principalmente. Y que mi nombre en el mercado esté sano".

¿En qué situaciones debe ejercer un estilo directivo, de comandancia, en su liderazgo? ¿Cómo pone los límites?

Cuando tiene que hacer alguna observación a alguien, la primera vez es con delicadeza, en un formato más cercano al coaching, basado en el conocimiento del otro. La segunda vez es más directiva, pregunta qué necesita, qué le pasa y se pone al lado de la persona. La tercera vez, hace que el empleado asuma un compromiso. Pero si la persona no responde, o no quiere hacerlo, nos dice: "No hay amor que valga".

Según su experiencia, a menos que haya mucha confianza, el hombre no dice lo que le sucede en las primeras preguntas. Por eso hay que ser más paciente e insistir.

En cuanto a las situaciones en que hubo que despedir a algún colaborador, ella hizo todo lo posible para revertir la situación, hasta la última instancia. Asimismo, en casos de desvinculaciones, ella siempre comunica la verdad al equipo, habla del tema. Nunca hace una destitución en silencio. Por el contrario, considera importantísimo dar señales de que uno mantuvo el vínculo y lo sigue haciendo luego del relevo.

¿Por qué cree, Jorgelina, que llegó a su puesto actual?

Cree que llegó a ese puesto porque los superiores vieron en ella compromiso y responsabilidad. Sabe y demuestra que es confiable y honesta. No se pelea con nadie ni promueve chismes ni participa de ellos. En otro aspecto, se adapta rápidamente a los cambios, es muy flexible.

¿Cómo maneja el propio ego en el ejercicio del liderazgo?

En general, se da cuenta de que no está manejando su ego cuando se está excediendo en sus actitudes. Un indicador es cuando en su discurso está usando el "Yo" y no el "Nosotros". Pero el principal indicador es que, en esos momentos, no se siente cómoda con ella misma. El remedio que emplea para revertirlo es ponerse en el lugar del que está escuchando, preguntarse cómo se sentirá la otra persona. Utiliza la empatía como recurso.

¿Cómo es la relación con su equipo?

En cuanto a su equipo, afirma que ella generó los espacios y la apertura necesaria para que la corrijan y le enseñen. Con gratitud reconoce que su equipo la cuida mucho.

Conclusiones del entrevistador

Roset tiene un estilo de liderazgo empático, contenedor, y le gusta empoderar a su gente, en quienes confía mucho. Tiene fuertes valores, como la humildad, la honestidad y la equidad, muy presentes. Es paciente, amorosa y confidente con su personal. Pero también sabe ejercer su autoridad y decidir por los demás cuando es necesario.

9. Entrevista a Sabrina Roblin (Estados Unidos)

Resumen

Vicepresidente de la Sociedad Americana de Coaching (ACTO). Vice President Global Leadership Development en CTI. Dirige la contratación, retención y desarrollo de los individuos en roles de liderazgo de CTI alrededor del mundo. Su experiencia profesional incluye posiciones de management en Pacific Gas Electric Company, Wells Fargo Bank Broderbund Software. Graduada de CTI's Leadership Program, estudió liderazgo personal y colectivo, y sabiduría o inteligencia transcultural. Es profesora y consultora corporativa. Su espíritu aventurero la lleva a participar en carreras de esquí, alpinismo, skydiving, buceo, ciclismo de montaña... Nacida y criada en San Francisco, ha viajado y vivido en Europa. Estudió en la Universidad de la Sorbona, en París. Sabrina es egresada de San Francisco State University.

Entrevista

¿Cuáles cree que son las habilidades que más se necesitan en las empresas hoy para liderar?
Roblin no duda; para ella, la colaboración es una habilidad crítica. También la capacidad de desarrollar y empoderar a los otros. "Una empresa necesita líderes capaces de mantener una visión, una dirección; capaces de comprometer a la gente, de conducirla en esa dirección y hacer que la incorporen. Esto implica habilidades de comunicación."

¿Usted cree que este tipo de habilidades las tienen hombres y mujeres por igual?
Nuestra entrevistada cree que sí. Y afirma que, a causa de condicionamientos culturales, los hombres son mejores para definir el rumbo ("vamos hacia allá"). Las mujeres son mejores para colaborar, desarrollar y empoderar a otros ("vamos todos juntos"). Repite que considera que tanto

hombres como mujeres tienen todas las habilidades, y que lo único que necesitan es entrenamiento y *mentoring*.

¿Cree que estas habilidades de colaboración y empoderamiento pertenecen más a una condición femenina que a una condición masculina?

Según ella, estas habilidades son más afines a la condición femenina, porque las mujeres, culturalmente, son criadas para crear relaciones, para estar centradas en la familia, criar a los niños. Mientras que los hombres son criados para competir.

"Estamos estudiando mucho sobre esto y descubrimos que muchas habilidades que tienen las mujeres se deben a que están naturalmente preparadas para el embarazo. Conozco muchos hombres, por ejemplo, que son muy buenos para escuchar, pero no es lo común, para la mujer sí lo es."

¿Cuál es la diferencia cuando varias mujeres líderes trabajan juntas y cuando varios hombres líderes trabajan juntos? ¿Puede identificar lo femenino y lo masculino?

"En primer lugar –Sabrina nos responde– depende de qué hombres y de qué mujeres se trata. Varios hombres en un Directorio, creen que están bromeando acerca del poder, tratan de lucir bien, desean que su opinión sea aceptada y ganar siempre. Con respecto a las mujeres en un Directorio, hoy en día hay mujeres que creen que ser líder es ser como los hombres (masculinas). Por lo tanto, hay mujeres que han imitado el liderazgo del varón; pero eso sucede porque así han sido entrenadas y esto es desafortunado. También hay mujeres –agrega– que han sido fieles a su estilo natural. Son muy buenas para resolver problemas juntas, colaboran; pueden tener algunas luchas, pueden tener celos también, pero para ellas lo más importante es el trabajo, pensar en el otro, trabajar para cada uno del equipo."

En español usamos la expresión "interés común", y en esto hay una gran diferencia entre la visión masculina y femenina.

Roblin concuerda con nosotros. Y explica que los hombres tienen una agenda "personal", en tanto que las mujeres tienden más a tener una agenda "de la tribu", de la familia, de la organización.

¿Quiénes cree usted que trabajan mejor en equipo, aquellos con un estilo masculino o con uno femenino?

Considera que las mujeres tienen más lazos para trabajar juntas. Pero aclara que también hay hombres que dirigen y trabajan muy bien en equipo. Y pone un ejemplo: "Tengo un hombre fantástico que trabaja en mi equipo, es un líder de proyectos, todo el mundo lo quiere sin importar si acierta o se equivoca, él siempre mantiene a todos unidos y los empodera. Creo que trabaja igual que lo haría una mujer" (estilo femenino).

Al finalizar y sin dudar, afirma que son las mujeres las que tienen ese espíritu de equipo.

¿Cómo maneja su propio ego?

Manifiesta que no siempre tiene éxito en esto. Recurre a las enseñanzas de Ángeles Arrien, quien dice que la respuesta es el amor. Su trabajo con Ángeles le ha dado las mejores herramientas. Roblin nos dice que cree que la práctica de la meditación, decir siempre la verdad, tener presente que "liderazgo" tiene que ver con servicio y no con ella misma, y estar conectada con su corazón constituyen la mejor manera de manejar el ego.

"Un hombre común jamás dice esas cosas, nunca. En primer lugar, el hombre no maneja bien su ego; el ego es poder cuando son jefes. Los hombres que encuentro en las organizaciones no pueden manejar su ego, su ego es más grande que ellos. Las mujeres están más conectadas con esta idea de que el liderazgo es para servir."

¿Alguna vez tuvo competencia en el equipo por su puesto? ¿Cómo lo manejó?

Recuerda que en una oportunidad vivió esa situación, y que fue muy desafiante. Ella tiene un coach, a quien recurrió, e hizo *mentoring* con Ángeles Arrien, que la ayudó mucho. Lo manejó "a través del coraje y de decir la verdad, tomando riesgos, encarando la situación, pero es muy complejo luchar con otra mujer". Las cosas mejoraron, la otra mujer la respeta cada vez más. Y reflexiona que la veracidad no es decir "esta es la verdad", sino decir "esta es mi verdad". En su experiencia, cuanto más dice "esta es mi verdad", más la respeta la otra persona.

"Es muy diferente entre los hombres. Los hombres manejan esta situación por sí mismos, no piden ayuda. Los hombres no hablan de esto; si un hombre habla a otro sobre la competencia, muestra miedo y debilidad."

¿Qué le ha dado el liderazgo, después de tantos años de ejercerlo?

Roblin suspira profundamente y enumera con seguridad: fuerza, coraje, un sentido de realización y una gran cantidad de desafíos. Crecimiento y desarrollo continuos. Sigue pensando que continúa aprendiendo y creciendo. En tono reflexivo asegura que parece que uno ya ha logrado todo, pero cuanto más fuerte se vuelve, mayores son los desafíos que encuentra. Reconoce, de alguna manera, que se siente disconforme con la comodidad y que le gustan los desafíos.

¿Cómo maneja sus emociones? Porque vemos que en esto también hay diferencia entre la forma femenina y la masculina.

Nuestra entrevistada piensa un momento, y finalmente asegura que sí, que es más difícil para las mujeres. En su caso en particular, se reconoce como una persona muy emocional, muy sensible y este es uno de los más grandes desafíos que tiene que enfrentar como líder femenina. Ella ha logrado ser consciente de lo que está sintiendo en cada momento. En una situación muy comprometida puede dar un paso al costado, tomar distancia de la persona que tiene frente a ella y esperar el momento adecuado para dirigirse a esa persona. Recuerda que una vez tuvo un gran conflicto con la fundadora y CEO de la empresa de la que forma parte, y mantuvo una actitud amable, pero cuando llegó a su casa lloró. Al día siguiente tenía una reunión de estrategia en la empresa. Ella estaba en su casa llorando y pensaba: "*Oh my God*, mañana tengo que ir al trabajo, y voy a tener esa reunión de estrategia, con todos esos gerentes presentes". Estuvo con ese estado de ánimo durante tres días, al cabo de los cuales fue y le dijo: "Tengo que hablar con usted, porque me sucede esto"; afortunadamente, nos dice, "fuimos a una sala privada, porque yo lloré durante la conversación.

"Ser una persona sensible, y ser mujer en un puesto de liderazgo, es muy desafiante, porque los hombres, frente a una mujer que expresa su emoción, se sienten temerosos, no saben cómo actuar", reflexiona.

¿Por qué decidió ser una líder?

"En realidad, no creo que lo haya decidido", dice, y ríe francamente. Relata que la primera vez que estuvo en un círculo de Ángeles Arrien, en 1995, tenía tantos desafíos respecto de la familia y otros aspectos que lloró la mayor parte del tiempo. Un día, Arrien se le acercó y le dijo: "Tú eres una líder, tienes unas cualidades de liderazgo asombrosas", y ella le respondió: "¿Yo?, yo no tengo cualidades de líder". Arrien repitió: "Sí, tú eres una líder". Como final de esta anécdota, con gran sencillez, dice: "Y aquí estoy ahora, casi veinte años después, siendo una líder de líderes. Pero no sé cómo sucedió esto, solo sucedió, nunca fue mi sueño llegar a ser lo que soy. Fui llamada a esto, de alguna manera tuve éxito en esto, y aquí estoy. Ya ves, esto es muy diferente de lo que dirían los hombres". Y vuelve a reír.

Conclusiones del entrevistador

Sabrina tiene un estilo amoroso y cercano, con gran vocación de servicio. Se pone en el lugar de los demás con facilidad. Es muy sensible y parece guiarse por sus instintos. Sabe reconocer sus errores y aprender de ellos, y pedir ayuda cuando lo necesita. Se destaca por colaborar y empoderar a su equipo.

10. Entrevista a Clara Antola (Argentina)

Resumen

Clara Antola trabajaba en 3M como Talent Solutions Leader para América Latina. En esta posición era responsable por el equipo regional que manejaba los procesos de reclutamiento y selección, planificación de talentos y desarrollo en toda el área. Con 26 años en la compañía, pasó por diferentes áreas, tales como Marketing Corporativo, Capacitación en Marketing y Ventas, y Recursos Humanos. Fue profesora en la Universidad de Palermo en las materias Capacitación y Desarrollo, y Autoevaluación y Desarrollo de Carrera. Era traductora pública de inglés, con un posgrado en Recursos Humanos, y cursó un master en Sociología en la UCA. Era, también, la orgullosa madre de Martín y Camila. Nos dejó antes de la impresión de esta obra, pero a todos nos quedó grabado su amor por los seguidores.

Entrevista

¿Qué significa *liderazgo femenino* para usted, Clara? ¿Cuáles son sus características principales?

Para Clara, el liderazgo femenino es una manera de liderar, un estilo y, por lo tanto, poco tiene que ver con el sexo de la persona que lidera.

Implica características históricamente consideradas femeninas tales como la empatía, la contención, el apoyar, el estar más enfocada en la parte emocional, el tener más en cuenta al otro desde el ser humano. Tal vez, reflexiona Antola, esté relacionado con la maternidad.

Para corroborar sus afirmaciones, señala que se han visto muchas mujeres que no tienen estas características de liderazgo. No todas las mujeres ejercen un liderazgo femenino y muchos hombres sí lo hacen. Un poco en broma, afirma que si se les dijera esto, algunos hombres se enojarían mucho.

¿Por qué cree usted que creció tanto el liderazgo con estas características, ya sea ejercido por mujeres o por hombres?

Nuestra entrevistada cree que esto se debe a que la relación de la persona con su trabajo cambió. Antes era unilateral: el jefe tenía el poder y la gente tenía que adherir a lo que decía el jefe. Hoy las personas que generan una relación de empleo quieren y esperan otra cosa. La relación ya no es unilateral. Los empleados saben que tienen derechos, y cada vez van a soportar menos un liderazgo que no les guste; es decir, un liderazgo autoritario que no los tome en cuenta como personas.

Considera también que en la sociedad se está revalorizando el tema de las emociones, de los vínculos y los sentimientos. Antes, afirma, estaba mal visto hablar de emociones en el trabajo ("los problemas hay que dejarlos en la puerta"). Ella no adhiere a esa posición; por el contrario, cree que el ser humano es una unidad. Si alguien tiene un problema, necesariamente lo va a traer al trabajo, no se le puede pedir que se divida. Hoy se ve al empleado como una persona, con su aspecto emocional incluido.

Esto nos lleva a plantearnos la pregunta: ¿qué busca el empleado hoy en la empresa, que antes no buscaba?

Hace tiempo que busca desarrollo a todo nivel (profesional y personal a la vez, porque es sistémico), nos dice nuestra entrevistada. "Este desarrollo es un crecimiento como persona. Para eso, los líderes debemos enfocar el acompañamiento desde otro punto de vista: '¿a dónde querés llegar vos como persona?'; y ya no les estamos preguntando '¿a qué *puesto* querés llegar?', les estamos preguntando otra cosa. Hoy el líder debe preocuparse por el crecimiento de sus empleados.

"Por eso el liderazgo se ha vuelto más profundo, por el aspecto de la empatía, lo conectado con lo emocional, con el entender al otro. Esos rasgos que, como dijimos, están más ligados a lo femenino. Esto está más requerido que antes."

¿Usted cree que hoy se busca en la empresa lo que antes se encontraba en la casa, por ejemplo, charlar, hacer amigos?

Muy convencida, Antola considera que el ambiente de trabajo, los compañeros, la manera en que se relaciona la persona con la compañía hoy son fundamentales. Cree que eso también era importante antes, pero ahora es distinto: es un factor crítico para que la persona pueda trabajar y desarrollarse bien.

De hecho, nos cuenta, le sucede que cuando una persona se va de la empresa, le dice a ella que lo que más va a extrañar es a "la gente". Sin embargo hay una diferencia: antes, si se daba este buen ambiente de trabajo, era un *plus*. Hoy, es un *must*. Y es posible que se quieran cambiar de trabajo si el ambiente no es bueno.

¿Cuáles ve que son las diferencias más importantes entre el liderazgo femenino y el masculino?

Casi sin necesidad de pensarlo, Clara afirma que el rasgo diferenciador es la empatía. Aclara que eso no significa que un tipo de liderazgo lo tenga y el otro no, sino que uno lo tiene en más alto grado que el otro.

Considera que a las mujeres les cuesta menos lograr la empatía con el otro, y no les da vergüenza manifestarla. Para mostrar empatía es necesario profundizar en las emociones del otro y compenetrarse con ellas. Esto engloba otros aspectos como, por ejemplo, saber escuchar.

Los hombres son de ir más al punto central, y ejemplifica: "Vos me traés un problema, yo (hombre) lo voy a saber resolver. Los hombres están entrenados para resolver, las mujeres estamos entrenadas para escuchar, entender, apoyar. Después resolvemos, pero antes escuchamos".

La mujer, dice con seguridad Clara, tiene más visión global para los problemas. "Creo que tiene que ver con la curiosidad que tenemos las mujeres: frente a una situación queremos enterarnos de todo lo relacionado con ella; queremos detalles, y eso nos lleva a una visión global. El hombre, en cambio, va '*to the point*', dice: 'no me aburras con toda la historia'. El '*point*' es mucho más reducido."

¿Nota alguna diferencia en la forma en que una mujer y un hombre ven y sienten a su equipo y a la empresa en sí?

"Yo creo que la mujer es más agradecida con la compañía por lo que esta le brinda. A la mujer le dan un ascenso, por ejemplo, y está agradecida en extremo. El hombre, en cambio, dice: 'Es lo que me merezco'. La mujer agradece todo lo que la compañía le ofrece."

Según ella, por esta actitud de agradecimiento, la mujer se identifica más con la organización, y piensa: "Apostaron por mí, me dieron la oportunidad".

Ella piensa que las mujeres no piden nada, esperan que les den y, cuando esto sucede, se sienten muy agradecidas. El hombre, en cambio, pide lo que quiere y lucha por ello; cuando se lo dan, siente que se lo merece. Tal vez por eso, en las organizaciones es mayor el número de hombres en cargos altos que el de mujeres", reflexiona.

¿Cree usted que los hombres prefieren el liderazgo femenino? De ser así, ¿por qué será?

Es muy rápida en su respuesta: "Porque la persona quiere ser tratada como un ser humano, con todos sus componentes, y el liderazgo femenino tiende más a eso."

¿Cómo pone límites, autoridad?

Con total sencillez, Clara reconoce que es complicado, que a ella le cuesta poner límites. Aunque, aclara, por su manera de liderar no le toca muy seguido.

Cuando tiene que hacerlo, explica muy bien a las personas involucradas por qué pone el límite, y esto surte mayor efecto. Como lo hace con muy poca frecuencia, la acción adquiere más fuerza.

¿Qué gratificación recibió en el ejercicio del liderazgo?

Algo que le produjo gran satisfacción fue lo que la gente de su equipo escribió de ella y de su liderazgo en la Encuesta Anónima de Clima Laboral.

Ella se reconoce del modo en que la describieron, y es por lo que trabaja: hacer sentir bien a la gente, hacerlos progresar, etc.; pero la hizo sentir "encantada" que los demás lo reconocieran.

En general, la gratifica mucho cuando le dicen que los demás hablan bien de cómo ella pudo armar un grupo de empleados a nivel regional y generar con ellos una relación muy sólida. A este respecto nos cuenta una anécdota: Hay una mujer de Brasil que le reporta directamente y con la cual habla tres veces a la semana. La había visto por última vez en agosto de 2011 y se volvieron a ver en abril de 2013. Cuando se encontraron nuevamente, Clara le comentó a esta mujer: "¿Te das cuenta de que hace casi dos años que no nos vemos?", y la mujer le contestó: "No, yo no había percibido que había pasado tanto tiempo". Y termina la anécdota diciendo: "Si yo puedo lograr esta sensación, estoy más que satisfecha porque pude hacer que sintiera que estaba presente junto a ella aunque nos separaran miles de kilómetros".

Cuenta también que cuando sus empleados tuvieron que hacer algo más de lo que les correspondía, dar un extra, le dijeron que lo hacían "por Clara", no por la jefa. Para ella, eso fue una de las mejores gratificaciones porque se dio cuenta de que había generado una relación; "y esa relación es mutua", concluye. Como colofón de la entrevista, confiesa que le gustaría ser reconocida en la organización como alguien que supo formar equipos sólidos.

Conclusiones del entrevistador

Clara tenía un estilo amoroso, empático, cálido, contenedor y sencillo. Era una persona que se hacía querer por todos. Tenía muy buen sentido del humor. Se ocupaba mucho de sus seguidores y se sentía profundamente identificada con su compañía, cosa que transmitía en todo momento. Un ser humano invalorable que extrañaremos mucho.

11. Entrevista a Ana María Salazar (Colombia)

Resumen

Ana María es colombiana, tiene 46 años y es la mayor de tres hermanas. Divorciada, tiene una hija de 29 años. Se formó como psicóloga, con especialización en Planeación, Gestión y Control del Desarrollo Social. En Cencosud tuvo una carrera ascendente en RR.HH., en cargos directivos desde 2002. Entre sus logros podemos mencionar: mejoramiento de indicadores de gestión, altos puntajes en encuestas de clima laboral y certificaciones de estándares de calidad. Se describe como una apasionada de vivir una vida plena, viajar, disfrutarlo todo. Amante de la literatura y la música, toca guitarra y canta, le gustan el cine, la fotografía y el conocimiento del "espíritu humano". Es vicepresidente de Recursos Humanos de Cencosud Colombia.

Entrevista

¿Qué significa *liderazgo femenino* para usted? ¿Cuáles son sus características principales?

En su tesis de psicología trata sobre la construcción de género en la vejez, y explica por qué las mujeres construyen un liderazgo más afiliativo mientras que los hombres se quedan más solos. Los hombres, en general, son más dependientes de su trabajo, de su actividad física, y al ser viejos ya no tienen ese trabajo. En cambio, las mujeres están acostumbradas a estar en grupos.

Nos dice: "Las mujeres pueden liderar como los hombres; depende de la forma en la que ejerzan el liderazgo".

"Lo más característico del liderazgo femenino, es que este es *afiliativo*, y se focaliza en generar lazos con el equipo. También el cuidar al otro, el ser compasivas, el tener disposición, el interesarse por el otro".

¿En qué se diferencia el liderazgo femenino del liderazgo masculino?

"Al liderazgo masculino le cuesta enfocarse en varias dimensiones a la vez. Los hombres son más fríos, buscan los resultados. Son monotemáticos. Las mujeres, en cambio, ven más globalmente. Son más sensibles para ver qué pasa en la organización. Son más cálidas, son politemáticas."

¿Cree usted que los hombres prefieren el liderazgo femenino? De ser así, ¿por qué será?

"Hoy se necesita un liderazgo más diverso y complejo, que se alinee mucho mejor con la complejidad del mundo. Tenemos organizaciones más complejas, con diversidad generacional, una población en transición. Por lo tanto, un líder monotemático y básico se queda corto para la complejidad de los análisis y las variables que entran en juego. Si se centra únicamente en los números, le quedan fuera los aspectos de Recursos Humanos, el ver qué pasa con las personas."

Dice Ana: "El liderazgo femenino es capaz de integrar; puede ver esta complejidad y tomar decisiones más diversas, difíciles y profundas".

Como aspecto negativo, agrega que esta complejidad puede traer aparejada demasiada demora en las decisiones, mientras que la practicidad masculina puede favorecer el desarrollo de un equipo de trabajo.

¿Cómo definiría su estilo?

Ella cree que tiene un estilo de liderazgo que podría encajar más en lo femenino. Es consciente de que su liderazgo se centra en las personas, sin ser maternal. Dice que se interesa genuinamente por las personas pero no tiene un estilo "sensiblero". Puede sentarse a conversar con su equipo, sobre lo que les pasa, pero sin dejar lugar ni a la sensiblería ni a la susceptibilidad, porque ambas entorpecen los lazos de confianza y de construcción de equipos, ya que llevan a que la gente se juzgue demasiado rápido y demasiado duro, y se cierren los unos con los otros.

Reconoce que tiene una personalidad fuerte, es valiente, tiene coraje, es vehemente, pero sabe matizar.

En su opinión, "un estilo de liderazgo afiliativo no es menos determinado". Es necesario que en la relación con el seguidor quede claro que el trabajo debe ser bien hecho y los objetivos cumplidos.

¿Qué gratificación recibió o recibe en su carrera de liderazgo?

Una gratificación que recibe es un ascenso cada dos o tres años.

Otra cosa que la gratifica es el reconocimiento de sus superiores y de los equipos que tiene a cargo.

También cuando se encuentra con gente con la que trabajó y que hace mucho que no ve, y que se acuerdan de ella; le da mucha alegría.

Le resulta muy gratificador ver que gente que trabajó con ella hoy ocupa cargos de importancia.

También la complace que le confíen liderar equipos cada vez más grandes.

Sus superiores reconocen y valoran su liderazgo, y lo describen como "muy cercano, pero no por eso menos firme".

¿Cómo maneja su propio ego en el ejercicio del liderazgo?

Tiene muy claro el tema, y responde rápidamente: "Yo no me creo el cuento de la gerente, de la jefa. Sí he tenido algunos logros, pero básicamente soy Ana". Es muy consciente de que no "es" la vicepresidente, sino que "tiene el rol" de vicepresidente, y eso le impide dejarse dominar por el ego.

¿Usted es consciente de lo que vale?

Afirma que es consciente de que tiene un cierto estilo que genera impacto en los demás.

Expresa que usó todo lo que tenía a su favor, sus cualidades por ejemplo, y aprovechó todas las oportunidades que se le presentaron.

"He vivido mi vida a mi manera", afirma, "*my way*", haciendo referencia a la famosa canción, la cual desea que sea cantada en su funeral. Entiende que gran parte de esa "manera" de vivir se debe a que no se define en función de los hombres.

Conclusiones del entrevistador

Ana María se describe como una líder cercana que se centra en las personas. Se la ve fuerte, valiente, frontal y con gran coraje. Sabe poner límites y lo hace enérgicamente. Tiene un estilo muy personal y carácter fuerte y es valorada por ello. Protege, cuida y desarrolla a los suyos, enorgulleciéndose de sus logros.

12. Entrevista a Mariana Ibero (Argentina)

Resumen

Lleva más de 25 años de experiencia en Recursos Humanos creando e implementando prácticas de capital humano alineadas con la cultura de las organizaciones. Es directora de Capital Humano de Farmacity. Cuenta con una fuerte orientación y experiencia en grandes empresas de venta minorista, tanto desde la consultoría como en el liderazgo interno del área. Está casada con Christian Bernal, otro líder muy reconocido, y es madre de cuatro hijos.

Entrevista

¿Qué significa *liderazgo femenino* para usted? ¿Cuáles son sus características principales?

Mariana siente que la mujer está buscando la manera de "ser líder" en el mundo de las organizaciones. Comparte: "Hubo mujeres que necesitaron 'masculinizarse', endurecer su personalidad" y esto conllevó que la mujer perdiera su naturaleza. "El mundo laboral está pensado desde el hombre, para el hombre. Fue necesario entrar peleando un lugar y nos fortalecimos, pusimos barreras para no sufrir." Es interesante escucharlo de Mariana, una mujer sensible, amorosa y empática que tiene un estilo absolutamente femenino de liderazgo y decidió no jugar con esas reglas.

Al hablar de las principales características del liderazgo femenino comienza por la contención, y sigue: encontrarse con el otro, dar lugar a las emociones, maternal, acompañar, humildad, bajo ego, dejar crecer al otro, crear las condiciones, manejar las emociones, motivar, actitud relajada y paciente, para finalizar.

¿Creció el liderazgo femenino?

Considera que es así. Hay una necesidad de un mundo más amoroso, de sumar estilos distintos. Opina que "este mundo en crisis pide a gritos volver a los valores primitivos, estamos frente a un quiebre social y organizacional".

"La mujer está probando su liderazgo, creo que se encuentra muy preparada para liderar a las nuevas generaciones. No hacemos de gerente, hacemos de mujeres líderes." Y continúa diciendo: "En las tribus primitivas hay respuestas a todo eso. Tenemos muchas preguntas sin respuestas. Hay que volver a lo básico, a lo natural. Dejamos de sentir, estamos forzando nuestro instinto".

Para ser un líder con mentalidad femenina "hay que tener muy claro el propósito de liderar, el sentido que tiene para uno, para poder ser un líder consciente y aceptar que uno está ahí para servir a los demás".

¿Qué cambió en los empleados?

Según Mariana, requieren acompañamiento y hay que ayudarlos a "encontrarse" a sí mismos, con menos dirección (masculino) y más apoyo (estilo femenino). Hay que ayudarlos a exponer sus emociones. Necesitan ser cuidados y mirados con respeto y humanidad.

Particularmente en su empresa, ¿cómo manejan a los equipos los líderes femeninos?

Ella da como respuestas varias conductas típicas de este estilo:
- Respetar mucho a las personas.
- Privilegiar lo humano.
- Posibilitar conversaciones.
- Encontrar el ser en cada uno ayuda a alinearse.
- Hacer que se unan desde sus virtudes, aceptando las debilidades.
- Desestructurar la bronca, el enojo, los juicios, la crítica.
- Ponerse en el lugar del otro (empatía).
- Hablar de lo que no se habla.
- Encontrarnos a nosotros mismos antes de ayudar a los otros a ser quienes son.

¿Qué barreras se encontró en el camino?

Respecto de las barreras u obstáculos encontrados, Mariana dice que hay creencias puestas por los hombres muy fuertes, tales como: "somos débiles" y "la sensibilidad nos hace débiles". Siente que la mujer tiene que compensar esta creencia siendo doblemente inteligente y demostrándolo todo el tiempo. "Nos sentimos obligadas a impostar." "A los hombres les cuesta escuchar lo que las mujeres tenemos para decir."

"Es muy difícil crecer si no es en el área de RR.HH. Pero no es solo el contexto –continúa–, nosotras nos autolimitamos en nuestra capacidad."

¿Qué gratificación recibió o recibe en el ejercicio del liderazgo?

Cuenta con entusiasmo: "Que el presidente de la compañía haya reconocido el impacto que generé en la transformación cultural de la organización porque –dijo– entró, nos miró y nos quiso". Y agrega: "Desde que entró

Mariana nos ayudó a encontrarnos entre nosotros, aseguró un director".

"Me agradecieron mi trabajo, mis palabras, mi contacto, muchas veces."

¿Cómo pone límites a los demás?

Mariana nos confiesa: "Es un tema que me cuesta". En su equipo, lo cambia por un concepto de "libertad responsable", cree que "hoy tenemos que inspirar, cuidar y darles libertad". Piensa que a veces es más simple, más rápido ser un líder directivo o autoritario que uno femenino, pero no sirve. No construye a largo plazo.

Nos cuenta que ella pone los límites conversando, que no se impone, y si el otro transgrede los límites impuestos por ella, lo mejor es preguntarle y entender por qué lo hace y luego trabajar sobre la causa. Piensa que "cuando uno impone un límite sin escuchar la opinión del otro, puede perder la riqueza de una mirada diferente, pierde la posibilidad de incluir, de sumar y de encontrar una mejor opción", por lo que su estilo es poner muy pocos límites.

¿Cree que es posible desempeñar una tarea de liderazgo y a la vez mantener un equilibrio con la salud y la vida familiar?

"Es muy difícil para las que somos madres, estamos muchas horas en la empresa, sumado al tiempo que en general tenemos de viaje. Pueden ser más de 10 horas fuera." Y agrega: "Es muy difícil encontrar tiempo para uno mismo. A veces nos descuidamos, no tenemos tiempo para atender nuestra salud, no hacemos ejercicio".

¿Cómo viven en su casa (pareja, hijos) el hecho de que usted sea líder en su empresa? ¿Hay libertades, celos, aceptación, recriminaciones?

Mariana contesta con frases muy interesantes que decidimos transcribir de forma textual: "Socialmente todavía es muy fuerte la imagen del marido proveedor, que trae el dinero, y la mujer en casa que cría a los hijos".

"A veces, las mujeres nos aprovechamos de ese lugar y les exigimos, pedimos que también sean buenos padres, amorosos, compañeros, etc." "¡Los hombres no pueden más!"

"Tenemos que entender que somos pares, faltan muchas conversaciones de pareja."

"Una vuelve cansada, agotada, sin paciencia." "No podemos seguir siendo el sostén de todos y ese cambio de lugar es difícil para el otro."

"Nosotros somos la generación del cambio."

Conclusiones del entrevistador

Mariana tiene un estilo amoroso, maternal, empático, sensible, integrador. Es claramente una líder afiliativa con un gran poder transformacional. Tiene un propósito claro que la guía, y lucha por lograrlo. Demuestra grandes valores y un alto nivel de autocrítica.

13. Entrevista a Iván Schusterhoff (Argentina)

Resumen

Es director de Operaciones del Centro Médico Integral Fitz Roy. Hizo la primaria y la secundaria en el Washington School. Luego pasó por la UBA para estudiar administración de empresas. Inició sus estudios de licenciatura en RR.HH. en la UADE. Comenzó sus actividades en la empresa a partir de 2000, haciendo tareas muy operativas, como cadete y administrativo. Esto le permitió entender la dinámica de la compañía, sus problemas y sus procesos; básicamente, entender su cultura. Pasó por varios sectores hasta llegar a su posición actual. Hizo una diplomatura en IRAM sobre gestión de calidad en organizaciones de salud. Toma coaching en Pharus desde hace unos años, logrando muy importantes crecimientos.

Entrevista

¿Qué representa liderar para usted?

"Liderar representa sacar lo mejor de las personas que uno conduce para lograr un objetivo en común. Significa potenciarlas, elevarles su autoestima, darles seguridad. Representa acompañarlas y guiarlas para que el camino sea lo más fácil de llevar."

¿Considera que existen diferentes estilos de liderazgo?

"Sí, creo que sí. Más allá del liderazgo definido en los manuales (natural, participativo, autocrático, burocrático, carismático), creo que hay dos liderazgos bien claros y diferentes a la vez. Uno es el liderazgo participativo. Este hace hincapié en la colaboración de la gente, en el consenso, en el trabajo en equipo para la consecución de los objetivos. En trabajar con la gente y no a costa de la gente. Por otro lado, nos encontramos con un liderazgo autocrático. En este tipo de liderazgo la toma de decisiones está centralizada, no se cree en el consenso ni en la visión del trabajo en equipo."

¿Qué significa, a su criterio, *liderazgo femenino*? ¿Cuáles son sus características?

"Liderazgo femenino significa para mí poder escuchar más a la gente. Tratar de entenderla y de concebirla como personas. Significa consensuar y trabajar en equipo."

¿Por qué le parece que creció tanto el liderazgo femenino en los últimos años?

"Creo que creció porque la gente busca más ser escuchada. Busca que la reconozcan y que la valoren. Que la tengan en cuenta a la hora de definir proyectos y soluciones para los problemas, y busca participar de la vida cotidiana de las organizaciones. No quiere imposiciones y sí quiere que la convenzan."

¿Qué obstáculos encuentra al comenzar a utilizar este estilo de liderazgo?

"Yo, en particular, con la gente que conduzco no encontré una gran resistencia. Sí encontré resistencia con el director. El director de la empresa, que a su vez es mi padre, tiene una mirada diferente de la mía, y en esas diferencias existen conflictos generacionales."

¿Prefiere trabajar con hombres, con mujeres o le es indistinto? ¿Por qué?

"Prefiero la diversidad. O sea: trabajar con gente de diferentes géneros, de diferente elección sexual, de diferentes lugares geográficos. Creo que en la diversidad puede encontrarse algo único y superador de todo el resto. Porque cada uno tiene diferente mirada de una misma realidad, sesgada por sus historias de vida, sean buenas o malas."

¿Siente que un líder femenino es más emocional? ¿Qué consecuencias tiene esto?

"Es indiscutible que sí. Las consecuencias están relacionadas con la llegada a la gente. Somos más empáticos."

¿Qué siente a la hora de liderar?

"Sinceramente siento de todo. Muchas veces, cuando algún proyecto sale como yo quiero siento confianza y placer por el éxito logrado. Cuando tengo que tomar una decisión difícil e incierta, siento miedo y ansiedad. Percibo la adrenalina cuando estoy creando algo nuevo que va aportar valor agregado. Cuando una decisión no sale bien puedo percibir cierta inseguridad. Siento responsabilidad al ver la cantidad de gente y procesos que tengo a cargo. Siento orgullo por pertenecer a una organización de referencia y prestigiosa en lo que hace. Siento amor y pasión por lo que hago y, por último, siento que el rol que ocupo en la organización me da poder para transformar la realidad de todos para bien."

¿Con qué herramientas cuenta un líder femenino? ¿Cuáles le faltarían?

"Cuenta con su sensibilidad y el tacto para relacionarse con la gente. Creo que me faltaría tener la capacidad para simplificar, en algunos casos, la realidad."

Si en el ejercicio del liderazgo algo sale mal, fracasa o no sale como estaba esperado o planeado, ¿cómo lo resuelven estos líderes?

"Cuando algo sale mal apuntan a buscar las causas y tratan de entender el contexto en que se dio. En el caso del liderazgo masculino, son más concretos y rápidamente van a buscar otro desafío."

¿Qué hace un líder femenino para llevar adelante un equipo que no quiere cooperar?

"Busca entender primero cuál es la causa de la falta de cooperación para luego, a través del desarrollo de los vínculos humanos, reforzar el sentido de grupo."

¿Cómo ejerce la autoridad o cómo es poner límites con este estilo? ¿Replica el estilo del trabajo en el hogar?

"Creo que pone límites no desde el autoritarismo y la imposición pero sí marcando claramente qué cosas son las que se pueden hacer y cuáles no. Con respeto y sin levantar la voz, consigue más cosas que desde la demostración y el abuso del poder."

¿Alguna persona como referente, que represente un estilo de liderazgo femenino?

"En la política, creo ver a María Eugenia Vidal (actual gobernadora de la Provincia de Buenos Aires), un liderazgo que a mi entender se caracteriza por ser muy femenino. Un liderazgo que humaniza la política y está muy cerca de las necesidades de la gente. Algo a ese nivel hace falta hoy en día."

¿Hay algo más que quiera compartir con nosotros?

"Por último quiero decir que estoy plenamente convencido de los amplios beneficios de este tipo de liderazgo. Una de las ventajas que tiene es la habilidad para contribuir a formar grandes equipos de trabajo. Hoy en día la gente quiere ser escuchada, quiere que la guíen y que le pongan límites cuando hace falta. No creo en los extremos, creo en el equilibrio y en las cosas simples de la vida. También creo en la transparencia, la sinceridad y el respeto frente al otro. Sobre estos valores me apoyo en la vida y desarrollo los vínculos con los demás. Le pongo pasión a lo que hago y trato de transmitirlo al equipo con el que trabajo. Todos los días intento hacer de mí alguien mejor que quien fui el día anterior. Para eso me psicoanalizo, para conocerme cada día más y entender a la gente que me rodea."

Conclusiones del entrevistador

Iván es un joven profesional de talento y empuje pocas veces vistos. Cuenta con gran visión global, le gusta estar al tanto de su equipo, con el que se reúne periódicamente. Es muy exigente con él mismo y con los demás. Tiene un perfil sensible, humano, honesto y abierto. Su mayor fortaleza: su interés permanente por desarrollar y hacer crecer a los demás.

14. Entrevista a María Alejandra Osti (Argentina)

Resumen

María Alejandra Osti, de 42 años y nacida en La Plata, es madre de dos hijos: Renata (6) y Vicente (4). Abogada, con un MBA en el IAE. Trabajó en el Poder Judicial (en la Defensoría de Pobres y Ausentes número 7 de La Plata) y en el estudio jurídico Arcagni y Asociados. Ingresó a Philips Argentina en 1999 como asistente legal y en 2007 fue nombrada General Legal Counsel para Argentina, Paraguay y Uruguay. En 2012 pasó a TP Vision (Philips TV) como directora de HR y Legales hasta la fecha.

Entrevista

¿Cómo lleva adelante un cambio importante en su equipo de trabajo?

Alejandra nos responde: "Primero, analizando e informando el contexto de la situación, luego explicando el cambio y cuáles serán las consecuencias, preguntando a mi equipo si ellos ven alguna otra consecuencia que yo no hubiera contemplado y, entre todos y en la medida de lo posible, consensuamos e implementamos el plan de acción".

¿Cómo resuelve con mente femenina un conflicto entre dos empleados?

"Me surge lo que yo llamaría una mirada 'maternal' del conflicto, más que femenina. Trato de 'aplacarla' ya que estamos ante personas adultas. Evito ponerme en la posición de árbitro y procuro ser una facilitadora del conflicto concentrando la atención sobre el tema que hay que resolver y cómo todos podemos ayudar a encontrar la solución, qué propone cada empleado y cómo tenemos que trabajar en el futuro para evitar que esa situación vuelva a producirse.

"Entiendo que los conflictos, no solo en el trabajo, sino en la vida, en la mayoría de los casos son un problema de *comunicación*, de lo que se dice y, sobre todo, de lo que no se dice.

"Trato de no meterme en una zona de sentimientos y reenfocar las energías en solucionar el proceso que se vio afectado por el conflicto."

¿Qué acciones lleva a cabo para comprometer y motivar a sus seguidores?

"Entiendo que la motivación es personal y busco entender qué es lo que motiva a cada persona. El *mix* motivacional de cada uno de nosotros es distinto y varía con el tiempo. Sobre esta base, trato de ayudar a que cada persona encuentre en lo que hace aquello que lo motiva."

¿De qué manera les infunde los valores de la compañía a sus seguidores?

"Para mí, la única forma de infundir valores es con el ejemplo, en el día a día de trabajo. Es una respuesta corta pero, sinceramente, no encuentro ninguna mejor. A mí me da resultado."

¿Cómo trabaja el mal desempeño de un empleado?

"Primero hablo con el empleado e indago por qué se produce la brecha entre lo que se espera de él y lo que efectivamente está pasando.

"En algunos casos, el empleado no ve esta brecha, entonces hay que enfocar la charla para mostrarla con evidencias. Una vez que fueron identificadas las diferencias, hay que trabajar en un plan de acción. Este plan de acción tiene que ser hecho en conjunto con el empleado, con medición de objetivos en un plazo determinado. Es importante consensuar cómo y quién va a medir los objetivos a fin de obtener el compromiso de todos los involucrados."

¿Qué significa liderar femeninamente para usted? ¿Cuáles son sus características principales?

Alejandra comienza diciendo: "Entiendo que existen determinadas características, como la empatía, la comprensión, el cuidado por los detalles, que son mayormente innatas en las mujeres y que muchas mujeres se permiten ser guiadas por las mismas en su rol de líderes. Entiendo que hay hombres que también lo hacen".

¿Con qué barreras se encontró en el camino?

Alejandra ha hecho una gran carrera en su compañía y es muy valorada, pero opina que se ha topado mucho con "la barrera del prejuicio, de tener que demostrar más que un hombre".

¿En qué situaciones debe ejercer un estilo directivo, de comandancia, en su liderazgo? ¿Cómo pone los límites?

Casi sin dudar nos responde: "El liderazgo se ejerce con el ejemplo y esto guía mi conducta. Todos los días el líder debe ser humilde, cuando está haciendo una presentación y cuando está buscando un café en la cocina. Los límites, en mi caso, los pongo en conversaciones uno a uno y con firmeza".

¿Las mujeres buscan la complementariedad con los varones? ¿De qué manera?

"Como decía con anterioridad, la complementariedad es fundamental: la perspectiva masculina que da menos trascendencia a cuestiones más domésticas, la mirada global de los temas, el diálogo más directo, es el aporte que, a mi entender, hacen los varones."

¿Cómo maneja la relación trabajo-salud-familia?

Considera que la figura del "malabarista" es la que mejor describe cómo se maneja en esta relación, sobre todo al buscar ser una madre presente. Y agrega: "No es fácil y requiere la colaboración necesaria de mi equipo de trabajo y también de mi jefe".

Usted, líder femenina, ¿qué necesita de los demás, que les pediría?

"Les pediría a los hombres que permitan dejar salir su lado femenino, y a las mujeres que se permitan ir por más. Y a todos les pediría colaboración y diálogo transparente."

Conclusiones del entrevistador

Alejandra ha hecho una carrera inmejorable en su empresa, basada en el *mix* que ha logrado entre su mentalidad *hard* (abogada) y *soft* (RR.HH.). Se la ve claramente con valentía, honestidad y profesionalismo. De perfil femenino, sensible y cercano, se interesa mucho por el bienestar de las personas y la unión del equipo. Es querida y respetada, incluso por quienes no formamos parte de su equipo.

15. Entrevista a Laura González Beramendi (Brasil)

Resumen

Tiene 20 años de experiencia en distintas empresas multinacionales de consumo masivo en Argentina y Brasil. Comenzó en Danone y luego pasó a Unilever, donde trabajó siete años. Se mudó a São Paulo. Estuvo en empresas como Pepsico, Bacardi y Avon, como gerente de Marketing de Fragancias, donde se enorgullece de haber generado el negocio de Fragancias para *teens* en América Latina. Como gerente de Marketing de Skin Care para Brasil, conquistó un crecimiento de 15% en la categoría, que venía decreciendo en los últimos tres años. Es esposa de un exitoso empresario y madre de una muy esperada niña, Sofía, quien ha heredado toda la energía, la alegría de vivir y la fuerza de la madre. Gran deportista, cuando le dejan un minuto libre Laura hace yoga, tenis y golf. Se ha convertido al budismo en su búsqueda espiritual.

Entrevista

¿Qué representa liderar para usted?

"Liderar es inspirar, es despertar en el corazón y la razón de las personas un motivo genuino, fuerte y de superación para seguir a esa persona. Liderar es colocar en tiempo y en espacio los recursos humanos y materiales para que los objetivos puedan ser cumplidos. Liderar es saber definir muy bien los objetivos, planear y ejecutar para que sean cumplidos de la forma como fueron definidos."

¿Qué significa *femenino* para usted?

"Femenino es contención, es holístico, es poder ver mucho más allá de lo concreto. Femenino es creatividad para solucionar los problemas de una manera diferente, teniendo en cuenta las cuestiones más sutiles y menos evidentes de los asuntos, pudiendo resolver los problemas con empatía y creatividad."

¿Qué significa *liderazgo femenino* para usted? ¿Cuáles son sus características?

Laura opina que "Liderazgo femenino es inspirar a alcanzar resultados por un propósito mucho más completo que el solo beneficio económico. Es inspirar a conquistar un papel en la sociedad cada vez más preponderante, es contagiar valentía para superar obstáculos demostrando el poder de lo femenino, es conquistar una independencia financiera para salir del sometimiento".

¿Por qué le parece que creció tanto el liderazgo femenino en los últimos años?

Considera que el crecimiento ocurrió por una necesidad de las sociedades de recuperar valores humanitarios, solidarios, de cuidar a sus ciudadanos, empleados, etc. bajo una perspectiva más completa que la de la visión masculina rígida y materialista. "Sin duda, esto también ocurrió porque en las pasadas décadas las mujeres salieron de sus casas y comenzaron a prepararse para ocupar estos cargos de líderes, estudiando carreras universitarias de prestigio y ocupando puestos de trabajo que los hombres ya ocupaban."

¿Qué busca hoy el empleado en la empresa que antes no buscaba?

Nos comenta que los empleados buscan ser reconocidos no solo como profesionales sino también como personas. Buscan que sus fortalezas y potencialidades sean apreciadas y desarrolladas. Los empleados buscan que sus intereses personales, como cuidado de la familia, salud, calidad de vida, también sean considerados por sus líderes porque solo así, teniendo un equilibrio y una armonía personal, es que las personas trabajan mejor y entregan mejores resultados.

¿Cómo ven, manejan, unen el equipo y su empresa los líderes con estilo femenino?

Para Laura, estos líderes manejan el equipo con solidez y mucha organización. Esa es también una gran diferencia con lo masculino: la organización y el método. A partir de conocer mejor al otro, los líderes con estilo femenino organizan un equipo asignando tareas a cada persona según sus fortalezas y sus potencialidades. Estos líderes también dan más espacio a las personas del equipo para desarrollarse, exponerse. Por ese motivo el equipo se siente más motivado al verse en un medio riquísimo de crecimiento, diferente de los ambientes de miedo y de competencia creados por los líderes masculinos.

Son especialmente buenos los líderes con estilo femenino para influenciar a los otros. Con carisma y cariño, y una comunicación abierta, consiguen conquistar objetivos que muchas veces los masculinos no logran.

¿Siente que un líder con estilo femenino es más emocional? ¿Qué consecuencias tiene esto?

Sin dudar nos responde que sí, "son más emocionales". Las emociones son siempre buenas si son bien canalizadas. Estos líderes con buena inteligencia emocional tienen la ventaja de ser más cercanos que los líderes masculinos, en consecuencia las personas se sienten más identificadas, más próximas y, por ese cariño y esa empatía, pueden estar dispuestos a trabajar para ese líder de otra manera; también incorporan más el corazón en sus tareas, entregando más de sí mismos por la identificación con ese líder y por la sensación de que un día ellos mismos podrían estar en ese lugar.

¿Con qué herramientas cuenta un líder con estilo femenino? ¿Cuáles le faltarían?

"Las principales herramientas de estos líderes son la contención, la empatía, el carisma, la multifunción, el coraje, la intuición, la seducción, la comunicación.

"Las herramientas que faltan algunas veces son la frialdad para tomar decisiones difíciles, como por ejemplo despedir a un empleado, el foco exclusivo en el trabajo, el foco solo en lo financiero."

¿Qué es lo que aún no ha logrado como líder femenina?

"No he logrado que la empresa cambiase rápidamente la mentalidad en busca de más líderes completos, holísticos y abiertos. Muchas veces las empresas, siguiendo las tradiciones y a los líderes antiguos, continúa guiada por los perfiles y estilos que siempre tuvieron, y demoran mucho en comprender la imperiosa necesidad que existe de agregar nuevos estilos, líderes más humanos, que sean un ejemplo para los empleados. Líderes que consigan entregar resultados significativos para la compañía, sin resignar una vida personal rica y amorosa."

Si en el ejercicio del liderazgo algo sale mal, fracasa o no sale como era esperado o planeado, ¿cómo lo resuelve? ¿Qué medidas toma? ¿Cómo sigue adelante?

Lo resuelve con mucha comunicación e información, escuchando y profundizando por qué las cosas no salieron como fueron planeadas y comunica las causas a los superiores. Lo resuelve aprendiendo y compartiendo también sus aprendizajes. Sigue adelante más fortalecida y sabiendo que los obstáculos y las dificultades sirven para crecer, y esto se aplica tanto a los líderes y a las personas como a las compañías.

¿Qué hace un líder con estilo femenino para llevar adelante un equipo que no quiere cooperar?

Los motiva, los estimula, les hace ver el beneficio individual y para el grupo, que va mucho más allá de los resultados concretos. También les hace ver las implicancias y las amenazas de no cumplir con el trabajo.

Conclusiones del entrevistador

El suyo es un estilo de liderazgo femenino 100%, con foco en el logro de los objetivos y en el buen funcionamiento del equipo. Su fórmula del éxito radica en dos pilares: desde lo profesional, apoyarse en el equipo y hacerlo crecer a la vez, no sacar el ojo de las metas corporativas y propias, y desde lo personal, el constante equilibrio vida personal-profesional: Laura no resigna ninguno de los dos aspectos.

16. Entrevista a Silvia Barreira (Argentina)

Resumen

Directora de Recursos Humanos de Dentsu Aegis Network para Argentina, Chile y Colombia. Psicóloga social con posgrado en Recursos Humanos. Especializada en liderazgo, cultura organizacional, gestión de cambio y gestión del talento. Desarrolló su carrera en JWT y hace 14 años que maneja el área de RR.HH. en Dentsu Aegis Network Argentina. Casada y madre de tres hijos. Le encanta viajar y conocer diferentes culturas. Se describe como una apasionada de las personas.

Entrevista

¿Qué representa liderar para usted?

"Representa conseguir la confianza del otro, en mi caso la del CEO, la de mi equipo y la del resto de los empleados. Significa poder influenciar sin exponer o presionar al otro, que puedan sentirse cómodos, sin sentir abuso de poder y que puedan entender desde el rol que tengo la importancia que tiene la gente."

¿Qué significa *liderazgo femenino* para usted? ¿Cuáles son sus características principales?

"Me parece que liderazgo femenino es lo concerniente a una forma de influencia más llevada a lo humano, que puede darle la mirada de una mujer. Lo asocio con el liderazgo de una mujer, aunque no exactamente es de este modo, ya que puede haber un líder hombre con algunas características femeninas y al revés, mujeres con liderazgos más masculinos.

"Las características que me parecen más notorias creo que pasan por lo emocional. La mujer siente más que el hombre y eso le permite ponerse en los zapatos del otro con mayor facilidad, tiene la escucha más desarrollada y la contención también. Creo que es menos competitiva y favorece la colaboración, es menos jerárquica y más democrática por su naturaleza. La mujer lidera con una mirada puesta sobre la gente, mientras que el hombre está más encaminado a los resultados, no importa cómo se obtengan."

¿En qué se diferencia el liderazgo femenino del masculino? ¿Cuáles son las ventajas del primero?

"El cambio de paradigma ha sido traído por los milenials porque necesitan más contención, se han educado en un mundo más inseguro y más violento; por lo tanto, la democratización y la flexibilización forman parte de su mundo actual. Creo que la mujer se ha flexibilizado más que el hombre y eso la ayudó a avanzar donde al hombre le cuesta un poco más."

¿En qué se diferencia el liderazgo femenino del liderazgo de una mujer autoritaria?

"Una mujer autoritaria es eso y nada más, no tendría condición de líder ya que la gente la sigue porque está ordenando que así sea, no por elección de los demás. Me parece que en algunos casos el hombre prefiere una líder mujer porque si ella no es autoritaria ni masculina le va a permitir a la persona con quien trabaje crecer y desarrollarse, entenderlo y comprenderlo. Si es una líder segura no va a entrar nunca en competencia con quien trabaje, eso es fundamental para el hombre. Probablemente esa mujer lo haga sentir útil y el varón pueda demostrar más compromiso con la compañía; creo que ese es el mejor resultado que puede obtener una líder femenina."

¿Por qué le parece que creció tanto el liderazgo femenino en los últimos años?

"Creo que ha crecido debido a la necesidad de apoyo emocional, mejores tratos y reconocimiento de las necesidades personales de todo individuo. Estas son características que normalmente la mujer, por su naturaleza, tiene un poco más desarrolladas que el hombre. Lo que no significa que estén totalmente separadas en hombre y mujer, ya que los hombres pueden tener este costado femenino también."

¿En qué situaciones debe ejercer un estilo directivo, de comandancia, en su liderazgo? ¿Cómo pone los límites?

"Me parece que es lo más difícil, sobre todo cuando hablamos de los chicos jóvenes que es muy fácil que se confundan. La organización es flexible y esto da lugar a la confusión. No me gusta tener que poner límites, pero no tengo problemas en hacerlo. En la organización en la que estoy, voy muy seguido al frente en estas situaciones. Creo que el estilo directivo o de comandancia se genera cuando la líder puede ser ejemplo, cuando dice y hace con coherencia lo que piensa y predica. Cuando es así, se genera una relación de confianza con los otros, y si en algún momento dado se necesitara poner un límite el otro lo aceptaría sin problemas, porque la persona que está al frente ejerce su función desde la coherencia."

¿Cómo maneja el propio ego en el ejercicio del liderazgo?

"Hago muchos cursos, medito y estudio el tema del ego para que no me juegue en contra; me parece terrible, el peor enemigo de cualquier persona."

¿Qué busca hoy el empleado en la empresa que antes no buscaba?

"Busca el entendimiento del otro, la compasión, su desarrollo personal y profesional, y el estar bien dentro de la compañía, el buen clima laboral. Esto viene generado por un cambio social, a mi modo de ver, mundial."

¿Siente que un líder femenino es más emocional? ¿Qué consecuencias tiene eso?

"Sí, es más emocional y creo que lo que hay que cuidar es que el líder femenino entienda que no puede haber rollos dentro de su cabeza, ni quedarse posicionado en su mundo personal o en esquemas de pensamiento primario. Entender que cada individuo responde a ese marco personal, y que la influencia solo va a existir cuando todos compartan un mundo parecido, es lo más difícil de llevar. Las consecuencias de esto es que a veces tienen problemas con aquellos que no logran una estructura personal parecida y, al ser una carga emocional personal, el problema se agranda si la líder no logra revertir sus pensamientos. Creo que en algunas ocasiones puede tomarse a esa persona como chivo expiatorio de todos los problemas del equipo. Este me parece que es el peor aspecto del liderazgo femenino."

¿Con qué herramientas cuenta un líder femenino? ¿Cuáles le faltarían?

"Mejor conocimiento de la emocionalidad del otro, tener a ese otro presente, buen soporte, más compasión. Faltarían el enfoque en resultados, por un lado, y el evitar 'darse manija' pensando que siempre hay un otro que pueda querer perjudicarlo."

Si en el ejercicio del liderazgo algo sale mal, fracasa o no sale como estaba esperado o planeado, ¿cómo lo resuelve? ¿Qué medidas toma? ¿Cómo sigue adelante?

"Mi frustración, en estos casos, siempre pasa por el sentimiento del otro; no me molesta en lo personal tener un error o no alcanzar un objetivo, siempre me preocupa más lo que le puede pasar al otro con su frustración. Normalmente reinicio mi energía, trato de aprender de lo que no hice bien para no volver a equivocarme, hago el análisis personal de esto y comienzo nuevamente. Creo que la base de cualquier liderazgo es la insistencia."

¿Cómo ven, manejan, unen el equipo y su empresa los líderes femeninos?

"En el caso nuestro, hemos tenido que direccionar un poco a las líderes femeninas hacia el resultado de la compañía, porque una de nuestras marcas está totalmente liderada por mujeres. Es la marca que ha crecido menos en el mercado; las otras dos, dirigidas por hombres, han dado muy buenos resultados pero han perdido muchos empleados. Por eso, estamos capacitando a las líderes femeninas en algunos puntos que los líderes hombres tienen más claros: resultados, finanzas, etc."

¿Cómo maneja la relación trabajo-salud-familia?

"Actualmente no estoy manejando bien esto, aconsejo a los demás pero no puedo bajar mis tiempos laborales. Me estoy entrenando para poder manejar los 'no' en la forma correcta; es uno de mis temas pendientes."

¿Cómo maneja la autoridad en el hogar? ¿Replica el estilo del trabajo?

"Creo que es al revés, replico en el trabajo la autoridad de mi hogar, o el estilo que tengo en mi casa; tengo una relación bastante cercana con casi todos los empleados. Creo que esto es lo que me permite poner los límites sin tener problemas de enojos; manejo en los dos lugares la comunicación muy abierta, muy encarada a que el otro resuelva sus problemas, solo presto mucha atención a poder contener las frustraciones."

Usted, líder femenina, ¿qué necesita de los demás, que les pediría?

"Lo que vengo notando en las organizaciones es la falta de escucha, falta de la mirada hacia el otro; creo que tiene que ver con la falta de cariño o reconocimiento por parte de la familia. El empleado que llega con esto al trabajo, por lo tanto, no puede ejercerlo en los otros, no puede reconocer el trabajo o el esfuerzo de quien tiene enfrente. El ego en la línea media me parece que es un tema puntual y fundamental de desarrollo. Pediría más colaboración, trabajo en equipo, menos crítica hacia el otro y querer más lo que se hace y a la persona que se tiene al lado."

Conclusiones del entrevistador

Silvia tiene un estilo cercano, amoroso y confidente, caracterizado por un alto nivel de empatía y amor por los demás. Su nivel de compromiso e identidad con su compañía son totales. Tiene un propósito claro y lo demuestra a cada momento. Es una líder que escucha, tiene paciencia, contiene y se hace querer. Lidera al servicio de los demás.

17. Entrevista a Milagros Brito (Argentina)

Resumen

Milagros es presidente de Vizora Desarrollos Inmobiliarios. Con más de 300 millones de dólares en proyectos, preside la desarrolladora que levanta el Madero Walk Eventos, primer salón de eventos flotante de América Latina. Tiene 33 años y tres hijos.

Entrevista

Milagros parece ser una persona abierta, que se anima, toma riesgos y se permite descubrir: "Sí, soy de la teoría de que hay que probar, si te equivocas no importa; probar algo nuevo a veces es necesario, como cambiar las metodologías, las comisiones. A veces uno plantea el cambio y todos entran en pánico, y para mí es solo mover el rumbo, y siempre se puede volver. Es un ejercicio, a veces lo quieres y después por ahí no lo quieres más".

Se permite la flexibilidad de acompañar el cambio si es necesario y asumir riesgos, sin miedo a animarse. Siempre con un plan, apuesta por adaptarse a las necesidades del entorno, ya sea el país, clientes, socios, proyectos. Milagros menciona que una de las diferencias entre hombres y mujeres es que el hombre tiende más a morir con la idea que profesa y que las mujeres son más cambiantes.

"Y cuando te equivocas, que a nadie le gusta equivocarse, hay que asumir que la decisión no fue buena", y agrega: "pero prefiero equivocarme por haber hecho algo que quedarme con la sensación de que tendría que haber hecho tal cosa, eso no me lo banco. Lo que más me molesta es cuando yo intuí que tenía que hacer algo y no lo hice".

¿Qué piensa de la integración?

"En los desarrollos participan diferentes equipos interdisciplinarios (ingenieros, arquitectos, contadores, marketing, legales, etc.) y muchas veces pasa que cada uno está en su mundito, defendiendo su planito, pero hay que trabajar la integración, todos juntos, complementándose unos a otros, es mejor. Pensar la integración desde la capacitación, el trabajo, la disposición de una sala o los muebles. Cuando se piensa en los espacios para diferentes necesidades, como una mesa comunitaria o boxes o un sillón, todo eso también habla de la integración. Yo puedo estar encerrada en mi oficina y sentirme la mejor presidenta y creer que todas mis decisiones son fantásticas, pero uno tiene que ver qué le pasa a la gente, hay que estar conectado con el ambiente de trabajo y el equipo." Nos explica la importancia de estar conectados con todos para saber qué es lo que realmente pasa: "Si no haces nada, nadie dice nada; hacer implica exponerte, cuidando ciertas cuestiones, a mí me gusta arriesgarme y esa es mi impronta".

¿Cómo es su estilo de trabajo, cómo podría definirlo?

"Yo siento que soy como el motor, mi tarea es sincronizar y complementar todos estos equipos de construcción, porque puedo tener el mejor estudio de arquitectura o un equipo desarrollador, pero si no estoy como motor no funciona. Hago reuniones semanales de seguimiento y hago interactuar a las partes, que se escuchen, tenemos que estar todos en todo."

Apuesta a la integración de los equipos y al diálogo, manifiesta que todos pueden acercarse a su oficina a plantear lo que necesitan, para evitar la radio pasillo, prefiere construir una empresa donde las cosas se planteen y que las personas sientan que tienen el espacio para plantear lo que necesitan sin miedos y que ello es tenido en cuenta. "Que el granito de cada uno cuenta y que no da lo mismo que esté o no esté." A su criterio, esto construye a largo plazo, y la gente con el tiempo lo nota y lo valora, se refleja en los resultados de su empresa.

¿Qué representa liderar para usted?
Milagros considera el liderazgo como una actitud de vida más que un concepto *per se*. Para ella liderar no es estar en la cima y ser a quien todos deben seguir: "Liderar es la actitud que uno quiere tomar frente a la vida y en distintas circunstancias; ser líder es ser dueño de lo que uno quiere y hace." Para Milagros, un líder es aquel que hace que las cosas sucedan, el que toma la iniciativa y pone manos a la obra.

"Demostrar que uno es líder de sus propias acciones y decisiones. Así trato de vivirlo. Si soy mamá, forrar el cuaderno, eso es ser líder. No victimizarse, sino protagonizar. Con todas las circunstancias que nos tocan, ¿cómo hacemos? Salir adelante, hacerlo lo mejor que se pueda, pero hacerlo."

¿Qué significa *femenino* para usted?
Para nuestra entrevistada este concepto está conectado con la intuición, con lo que le pasa a uno internamente. Tiene que ver con la empatía, con la persona, tratar de ver al otro, tener una visión más completa. El no querer saberlo todo, reconocer lo que no se sabe. "La mujer se anima a decir no entiendo. Una está más habilitada a decir 'no entiendo, explícamelo de vuelta'. Si te equivocas no es tan grave."

"Formo parte de un comité de cuatro, y las decisiones no son solo propias sino entre todos. Cada uno tiene su rol, mi visión es siempre traer lo que sentimos, qué nos pasa, que no sea todo tan rígido. Incluir variables más humanas y *soft*, por más que el resultado final sea rígido."

¿Qué busca un empleado en una empresa que antes no buscaba?

Milagros responde rápida y tranquilamente: "Ser parte, el pertenecer. Hoy a un empleado le da más felicidad que lo hagas parte en vez de que le aumentes el sueldo. No me refiero a rangos bajos, donde puede ser significativo un aumento del salario, me refiero a rangos mayores, a los que reciben beneficios o bonus". La empresa está innovando en el tema beneficios, considerando a las personas y viendo lo que tiene la empresa, cómo se puede mejorar la calidad de vida de los empleados, ofreciendo por ejemplo metros cuadrados a precios diferenciales, dándoles la posibilidad de invertir en algo. Intentando gratificarlos no solo desde lo económico sino haciéndolos parte. "Yo cada 15 días hago almuerzos con empleados de distintas áreas y van surgiendo temas personales, hablas de la familia, de sus pasatiempos, de su vida. Es un ámbito para integrar, contar algo que está pasando en su sector y puede compararlo con otro, para conocerse, para generar redes. Si no, trabajas aislado. Es algo que papá hace, él viaja al interior, visita las sucursales y se sienta a tomar mate con el gerente de la sucursal, y no hay que perder eso, el contacto con gente, si no uno queda en la burbuja y en el 'Diario de Yrigoyen' y escuchás a los cuatro que te dicen que sos fantástico y ahí no hay manera, pierdes perspectiva, y si bien es cómodo, hay que salir del área de confort también. Un buen líder tiene que estar cerca de la gente. Estar cerca es también marcar límites, te da la posibilidad de saber qué está bien y qué no."

¿Cómo manejan, unen los equipos las mujeres? ¿Existen diferencias con la forma en como lo hacen los hombres?

"Sí, en general integran más, hablan más con los empleados, están más conectadas con su vida y saben lo que les pasa en su vida personal, por ahí un hombre no lo sabe. Son más sensibles con el otro. El hombre se queda con lo *hard*, sin generalizar. La mujer está más conectada con su gente desde lo humano. Además pueden hacer muchas cosas a la vez. El hombre está con un tema, sigue toda la semana con el mismo tema y se queda con eso, la mujer te puede seguir más con muchos temas a la vez. El hombre no viene a la reunión con todo si no trajo ese solo tema. Esa dinámica es más ágil con las mujeres con que trabajo."

El líder femenino, ¿es más emocional?

Inmediatamente responde que sí y que las consecuencias son que uno llega al trabajo y no está 100% conectado con la tarea. "Yo me fui de casa, mi hija se quedó llorando, el otro tenía un cumple, me acordé del regalito, que si tu marido te habló mal a la mañana y estás como con una parte en otro lado. El hombre por ahí viene al trabajo con la cajita del trabajo y el resto lo dejó en la casa. A nosotras nos cuesta un poco más, y definitivamente eso te influye un poco, pero no siempre de forma negativa; puedes venir un día feliz y la rompes, y un día vienes medio triste. La mujer, con una discusión en el trabajo, se pone mal, llora. La mujer muestra mucho más las emociones y eso también te libera. Si guardas la angustia, el enojo o no lo puedes decir te quedas con una carga y no quedas bien. Yo soy un extremo, soy muy frontal, a veces, en el extremo, no todo el mundo puede seguirme el ritmo, me enojo y tengo que decirlo, no puedo guardármelo, tengo que buscar la forma y el lugar, pero tengo que decirlo. Listo, lo resolvemos ahora y pasemos a otro tema; debería medir el *timming*, la forma o el tono, porque eso es algo en lo que trabajo. Soy muy visceral. Trato de que las cosas no lleguen a un plano personal. Vengo de una familia donde somos seis hermanos, cuatro hermanos en el banco, uno que todavía no trabaja y yo en Vizora, y muchas veces aparecen conflictos y todos hemos aprendido a separar eso. Cuando los conflictos surgen en una mesa de trabajo, se aprende que queda en el plano laboral, si bien está mezclado lo emocional, el ego, etc. En las mujeres la emocionalidad está más a flor de piel."

¿Qué es lo que mejor ha hecho como líder femenina?

Piensa bastante, responde que cree que une grupos, une personas que le parece que pueden complementarse, lo hace con sus amigas, con la familia, se crio así; le atribuye a su mamá el ser como el nexo que conecta todo, también en el trabajo. "¡Soy de cuidarlos! Estoy todo el tiempo pensando en unir personas, proyectos, los hago trabajar juntos para que rindan más, que puedan complementarse."

Conclusiones del entrevistador

Su estilo de liderazgo es humanista y cercano. Su foco es orientar al equipo hacia el protagonismo, a salir del *statu quo*, del lugar de víctima. Tiene un concepto de liderazgo que trasciende, a pesar de las adversidades. Es abierta y decidida. Trabaja internamente en aquello que quiere mejorar para su propio bien y el de todos. Busca espacios de encuentro y prefiere ir de la mano con su equipo y con los pies sobre la tierra. Muestra apertura, coraje, decisión, hacerse cargo, aprender siempre.

18. Entrevista a Ignacio Stegmann (Argentina)

Resumen

Ignacio Stegmann es presidente de 3M para Argentina y Uruguay. Es el primer argentino que ocupa el cargo de CEO de 3M en el país. Stegmann preside el directorio de IDEA y es vicepresidente de la Cámara de Comercio de los Estados Unidos en Argentina. Es licenciado en Administración de Empresas (UBA) y cuenta con un MBA del IAE. Comenzó su carrera en 3M Argentina en 1991 y adquirió experiencia en visuales, industria y transporte, electro y telecomunicaciones, consumo y oficinas. En 2006 asumió el liderazgo regional de eBusiness para Latinoamérica y en 2008 sumó a esta responsabilidad la de director de Marketing Corporativo y Master Black Belt Lean de Six Sigma para Argentina y Uruguay. Durante los años 2010 y 2011 fue presidente del Consejo de CEOs de la Fundación Caminando Juntos En 2011 se desempeñó como presidente de IDEA Pyme y lo nombraron secretario de IDEA para el año 2013. Durante su carrera, obtuvo el premio global de 3M al Profesionalismo en Ventas y Marketing, y fue reconocido en tres oportunidades por liderar negocios que demostraron el mayor crecimiento en la región. Stegmann tiene 48 años. Es casado y tiene cuatro hijas. Sus *hobbies* son practicar deportes tales como fútbol, tenis y golf.

Entrevista

"Históricamente, las empresas siempre fueron un lugar lleno de testosterona, el estilo predominante fue ese, y la sociedad evolucionó, las personas evolucionaron, la interacción de la empresa con el medio ambiente evolucionó y la cantidad de mujeres en las empresas aumentó (aunque todavía hay pocas), lo que se le pide a la empresa hoy es más de lo que se le pedía tiempo atrás, entonces el estilo tiene que evolucionar."

¿Y qué características debe tener el liderazgo de hoy?

Nos contesta que "hay características femeninas, que agregan y aportan mucho", y da los siguientes ejemplos.

- **Empatía**, la capacidad de ponerse en el lugar del otro, que es más femenina que masculina, pero es central. "Hoy en día, la empresa tiene que ser un lugar que cumpla muchos objetivos a la vez, no podés solo enfocarte en la rentabilidad del accionista, porque si te enfocás en eso solo terminás rompiendo cosas que atentan contra ese mismo objetivo. Hoy hay que tener incorporado (no solo que lo pienses sino que lo vivas) que cuando vos tomás decisiones tenés que asegurar el beneficio en los cuatro componentes: accionista, cliente, empleado, comunidad. Lo que hacés tiene que beneficiar a los cuatro a la vez."

- **Compasión,** además de entender y escuchar al otro, hacer que el objetivo de esa persona pase a ser automáticamente parte del de uno. "Un liderazgo femenino, trata de que estén todos contentos porque vos tenés que tratar de tener la compañía funcionando por un buen tiempo y, al que dejaste descontento, siempre, por algún lado, toma revancha."
- **Flexibilidad**, basada en esta empatía. "Las mujeres tienen mayor capacidad para convivir con estilos distintos, aceptan los diferentes estilos y los jefes tenemos que aceptar los estilos de cada uno, porque si la persona que está trabajando es buena va a querer hacer las cosas a su estilo, no al tuyo, y vos tenés que ayudarla en su estilo. Y ahí liberás su potencial; de la otra manera estarías apagándola. Hay que disfrutar de verlos volar, tal como te pasa con los hijos."
- **Multitarea:** la capacidad de manejar muchas variables, proyectos y cosas a la vez y llevarlas todas para adelante.
- **Establecer prioridades**: priorizar es clave para todos estos modelos de empresas y de trabajo de los que hablamos. "Si las personas se enfocan en lo que hay que priorizar, que es lo central, toda la organización es más eficiente y, además de lograr los objetivos, les da a las personas tiempo para hacer otras cosas."

"Por características personales trabajo mejor con las personas que se motivan por las cosas trascendentales, tengo más capacidad de motivar y más capacidad de llevarlas adelante. No me resulta igual de fácil con las personas que se motivan por lo extrínseco, no lo sé hacer. Si vos lográs que en tu organización la gente se motive por lo trascendental es un motor enorme, y el tiempo que lleva fiscalizar, controlar te lo ahorrás en forma importante. Hay que encontrar el motivo trascendental e inspirar desde ahí. Hoy, si no encontrás esos motivos trascendentales, con las nuevas generaciones, olvidate. Si vos hoy le ofrecés a un joven motivación únicamente por el salario, no sirve. Y quizás consigas sus horas de trabajo pero NUNCA SU CORAZÓN, que es lo más importante."

¿Qué diferencias nota entre un liderazgo femenino y uno masculino, Ignacio?

"Es necesario que tengan capacidad de ver y de entender lo que le pasa al otro, saber si en algún momento tiene que aflojar. El liderazgo femenino tiene la capacidad de confrontar mejor la realidad. La persona que se conduce con un tipo de liderazgo muy estructurado viene con su manual, su librito, y si la realidad no se condice con su manual por un tiempo va a negar la realidad o va a salir a buscar otra realidad que se adecue a su librito. El otro liderazgo confronta más la realidad, cuando observa lo que está pasando, lo toma, rehace la estrategia, cambia, se adapta y examina la realidad, lo que es fundamental en las organizaciones, con la dinámica de hoy en día. Muchos de los males de las organizaciones actuales es que se estructuran para algo sin la capacidad para llevarlo a cabo, empiezan a distorsionar eventos, a encontrar justificaciones, a encontrar cambios para seguir con la estrategia tal como venían, hasta que quizás ya sea tarde. El liderazgo femenino es más sensible para entender estos datos de la realidad que chocan contra la estrategia."

¿Qué representa para usted liderar?

Para Ignacio liderar es conseguir que la gente esté bien, que se realice, que consiga sus objetivos coincidentes con los de la compañía en el mismo proceso. Él siente que lidera bien cuando la persona tiene motor propio, cuando todo su proceso de liderazgo con la persona ha hecho que se mueva sola, que no necesite que se la esté empujando, que logre automotivarse; eso varía de acuerdo con las personas y los grupos.

¿Podríamos decir que cree que existe un estilo de liderazgo femenino con las características mencionadas?

Afirma que sí, sin dudarlo, y agrega: "Y eso de equilibrar

las distintas facetas es un tema generacional, los nuevos líderes, mis pares más jóvenes, en su mayoría lo manejan mejor. Hay algo de la evolución del ser humano, porque necesitan liderar de una manera distinta, y dentro del mismo grupo etario vienen los líderes que mejor lo van a llevar".

¿Qué siente que ha logrado hacer como líder y qué le faltó?

Ignacio nos cuenta que lo primero que se piensa cuando se llega a ese puesto de presidencia es en el legado: "Siempre se legan dos cosas: lo físico, tangible: mayor penetración en el mercado, mayor imagen de marca en los clientes, activos físicos, el centro de innovación, mayor presencia con entidades externas de la compañía. Y lo otro queda en el corazón y la cabeza de las personas, porque en definitiva puede venir otro y hacer cosas distintas y cambiar, pero lo que no va a cambiar es la semilla que dejaste en el corazón de la gente. En puestos como este, uno tiene menos dependencia del estilo de su jefe, uno puede explotar más su propio estilo sin imitar el del jefe. En mi caso, esto se fue drenando en la organización y se fue generando una organización más abierta, más flexible, menos esquematizada, que acepta cosas nuevas y distintas; y eso es lo que yo dejo, lo cual me da orgullo y me pone contento. Lleva su tiempo, como todo cambio cultural. Me reconocieron desde RR.HH. que eso cambió y es distinto".

Respecto de los temas pendientes como líder, nuestro entrevistado relata: "Ojo, cuando no logro los resultados, no duermo. Yo tengo un proceso de seguimiento de todos los negocios todos los meses y revisamos periódicamente los resultados de los 30 negocios que tenemos; son procesos muy buenos para ayudar a toda la organización a revisar si lo que está haciendo es correcto para los resultados que se necesitan y no para controlar sino para revisar, porque al verlos periódicamente pueden corregirse con más rapidez. Cuando los resultados están bien, puedo pensar en todo lo demás, pero cuando no están bien hay que encarrilarlos, y ese proceso es muy bueno para que la gente aprenda que los resultados tienen que ser alcanzados".

¿Ha tenido que trabajar con un equipo que no quisiera colaborar? ¿Cómo salió de esa situación, cómo lo manejó?

Ignacio nos cuenta que no le resultó una buena experiencia y que su forma de manejarlo siempre ha sido a través del diálogo: "Mucha charla, sentarse, armar la estrategia". En algún caso ha tenido que cambiarlo: "El equipo que tengo hoy es el que estaba, pero en otros puestos no fue así. Primero se da la chance, se les explica, se les da el curso para el cambio, que vean la realidad, se los manda a hacer coaching, y si no anda, a cambiar. A veces hay que tomar esa decisión, por el bienestar del resto. Y si todos andan mal, por ahí el que tiene que cambiar sos vos".

Lamentablemente le ha tocado vivir el fallecimiento de una persona de su equipo muy querida, con lo que esto implica emocionalmente para el equipo. ¿Cómo lidia con este tipo de situaciones?

"Lo vi con RR.HH., trajimos gente de afuera, que ayuda en estos casos, a dar una charla de liderazgo consciente, muy espiritual, que hablaba de las personas, de lo que quieren de sus vidas." Ignacio nos cuenta que lo primero que hizo fue buscar los medios para ayudar al equipo, se les consultó y se buscó una solución para el grupo; si bien el grupo decidió seguir adelante sin ningún tipo de recursos, después se analizaron los casos particulares para darles seguimiento: "Teníamos uno del equipo que seguía golpeado, pasaron tres meses y no se reponía, intentamos ayudarlo".

¿Ejerce la autoridad en el hogar? ¿Replica el mismo estilo que en el trabajo?

Ignacio intenta replicar el modelo del trabajo en el equipo que tiene en su casa, apostando al *empowerment* (empoderamiento) a través del cual enseña a sus cuatro hijas a hacer para que aprendan y se formen. "En una empresa se aprende a desarrollar a la gente, hay que instrumentar eso en la casa, aprendo a no estar tan involucrado sentimentalmente para poder ayudar a formarlos, aprendo cuando vienen a contarme algo, a verlo con objetividad, enseguida mi primer acercamiento es que esa es su versión y hay que ver que pasó en la realidad."

¿Por qué cree que este liderazgo femenino que estamos viendo en las organizaciones está creciendo? ¿Cree que viene a cambiar el mundo?

Ignacio cree que va a cambiar todo. "Por selección natural se va decantando este estilo de liderazgo y lo que está cambiando es la sociedad, y va a cambiar mucho más. La velocidad de cambio aumenta en una forma drástica, la globalización en la mentalidad de la gente es un hecho innato, los chicos son pensadores globales, la empresa virtual se va a llevar puesta la empresa real, en todo su funcionamiento; el concepto de empleo, cómo van a ser esas relaciones hacia adelante, y cómo va a intervenir lo virtual seguramente."

Conclusiones del entrevistador

Su estilo de liderazgo es humanista, una mirada diferente con gran foco en el bienestar de las personas y la obtención de resultados.

Ignacio apuesta al *empowerment* como forma de trabajo con el equipo y no duda en delegar. Considera que existe un estilo de liderazgo femenino y algo generacional que influye en este cambio, pero no lo relaciona con el género. La sensibilidad, el manejo de las habilidades blandas y la firmeza parecieran ser su fórmula de éxito. Se muestra como una persona cercana que no pone distancias ni alza barreras, observador, simple, que aborda el autoconocimiento como una tarea más del día a día.

19. Entrevista a Sophie Vurpillot (Brasil-Chile)

Resumen

Es directora ejecutiva de Planet Expat, un programa de excelencia basado en el aprendizaje experiencial que conecta *startups* y empresas innovadoras con jóvenes talentos de todo el mundo, y miembro oficial del Foro Mundial del Emprendimiento. Es apasionada de la educación y la innovación, cree en el poder de los grandes equipos. Sophie es mentora para emprendedores jóvenes y acompaña a instituciones educativas en su estrategia de internacionalización. Antes de crear Planet Expat, en 2012, Sophie actuó durante 10 años como agente de cambio e *intrapreneur* en Standard and Poor's, Société Générale Corporate & Investment Banking y para el sector público. Vivió y trabajó en Francia, Estados Unidos, Chile, Alemania, Reino Unido y Brasil.

Entrevista

¿Qué representa liderar para usted?

"En mi opinión, liderar representa la acción de guiar, influenciar e inspirar a otros para la consecución de una visión que supera a las personas. La imagen del jefe autoritario es más bien parte del pasado, el que dicta órdenes ejecutadas por sus subordinados en un sistema de recompensas o castigos. Liderar es un proceso que involucra la influencia social y la gestión del cambio."

¿Qué significa *liderazgo femenino* para usted? ¿Cuáles son sus características?

"En mi opinión, los atributos del liderazgo femenino son intuición, empatía, flexibilidad y creatividad. Facilitan un ambiente que sea favorable para el crecimiento de los individuos. Los éxitos se alcanzan de manera grupal más que de forma individual debido a que poseemos una predisposición natural por el trabajo en equipo. También es un liderazgo de responsabilidad."

"Considero que esto es debido a nuestro rol de apoyo a la sociedad, nuestra visión holística y un menor ego. Tendemos a compartir información y escuchar todos los puntos de vista antes de tomar la que será la mejor y más completa decisión posible. Evaluamos los impactos de cada decisión y asumimos las consecuencias de nuestras acciones."

¿Cuáles son las características diferenciales entre liderazgo femenino y masculino (físicas, fisiológicas, psíquicas, emocionales, hemisferios del cerebro, etc.)?

"Existen dos atributos típicos del liderazgo masculino: la racionalidad y la lógica, mientras que el femenino tiende a incluir algunos elementos un poco más irracionales en nuestras decisiones. Esto, en gran parte, está relacionado con el uso de la inteligencia emocional, nuestra empatía e intuición, nuestra tendencia a dejarnos llevar por nuestras emociones instantáneas, las cuales nos conducen a mezclar los sentimientos de terceros y anticipar reacciones que pueden interferir o crear conflictos con nuestra toma de decisión final. Por otro lado, lo masculino tiende a ser más sencillo y directo. En ocasiones lo femenino tiende a anticipar las cosas que podrían ser sensibles al interlocutor, y acaba por tratar de evitarlo."

¿Qué busca hoy el empleado en la empresa que antes no buscaba?

"El empleado de hoy busca autorrealización más que seguridad, especialmente los de la Generación Y. Ellos se centran más en las oportunidades de aprendizaje y en experimentar una aventura más humana. Esto es valorado por el equipo también."

¿Cómo ven, manejan, unen el equipo los líderes femeninos?

"Una característica que poseemos es que valoramos mucho a los integrantes de nuestro equipo, fomentamos oportunidades que faciliten la unión. Al mismo tiempo, nos preocupamos por el bienestar y crecimiento personal de cada individuo del equipo. Nos destacamos por gestionar y manejar el equipo con una legitimidad ganada por la experiencia y las habilidades, no tanto por la autoridad impuesta."

¿Siente que un líder femenino es más emocional? ¿Qué consecuencias tiene esto?

"Un líder femenino puede ser más emocional que sus homólogos masculinos. Nuestra sensibilidad e inteligencia emocional nos permiten interpretar el lenguaje corporal y la actitud de nuestros interlocutores, esto puede interferir en nuestra racionalidad porque valoramos los sentimientos de los demás y los acogemos en los parámetros de nuestras decisiones. ¡Afortunadamente nuestra intuición nos ayuda a tomar buenas decisiones!

"Cabe destacar nuestra mayor sensibilidad ante situaciones duras como el despido de una persona del equipo, o en situaciones de conflictos internos en el equipo. Fácilmente se refleja en nuestra cara y eso puede afectar a todo el equipo e interferir en el humor de nuestros colegas."

¿Qué es lo que mejor ha hecho como líder femenino, Sophie?

"Lo que me enorgullece más es cuando una mujer joven me cuenta que mi historia la inspiró a crear su propio camino y animarla a emprender. Actualmente realizo bastantes sesiones de *mentoring* para estudiantes, jóvenes profesionales y emprendedores, su éxito es una recompensa increíble."

Si en el ejercicio del liderazgo algo sale mal, fracasa o no sale como era esperado o planeado, ¿cómo lo resuelve? ¿Qué medidas toma? ¿Cómo sigue adelante?

Dice Sophie: "Me destaco por continuar centrada en el trabajo y generar otras propuestas. ¡Siempre utilizo la diplomacia en todas las situaciones! Procuro documentar las 'lecciones aprendidas' para no volver a repetir los errores en el futuro. Si un proyecto fracasa, sigo adelante explorando otras oportunidades. ¡Con lo cual supero mi orgullo! Si necesito el apoyo o la ayuda de un colega con otras habilidades, lo hago sin pensarlo dos veces (aunque sea un colega masculino para una negociación en un país donde la voz masculina prevalece)".

¿Considera que un líder femenino tiene más para dar o más para recibir?

"Un líder debe tener la humildad para aprender de su equipo, aunque sean más jóvenes. Yo siento una sensación de adrenalina cuando converso sobre un tema o un problema con otros miembros de mi equipo, y juntos elaboramos nuevas ideas y soluciones.

"El o la líder tiene que dar una visión, herramientas, respuestas, apoyo en situaciones difíciles y oportunidades de aprendizaje. A cambio de eso él o ella recibe mucho de vuelta. Mi equipo me da energía, alegría, espíritu positivo y me hace reír día a día, ya que continuamente me impresiona con su ingenio, iniciativa y talento."

¿Qué hace un líder femenino para llevar adelante un equipo que no quiere cooperar?

"En comparación con su homólogo masculino, podríamos decir que en muchas situaciones tendemos a usar menos la autoridad y nos esforzamos más en comunicar o explicar y persuadir, usando nuestra inteligencia emocional y empatía para encontrar argumentos convincentes. En este proceso valoraremos todas las situaciones, y más tarde recompensaremos la cooperación."

¿Cómo ejerce la autoridad en el hogar? ¿Replica el estilo del trabajo?

"Trato de ser un modelo a seguir o *role model*. Por lo tanto, trabajo muy duro y tengo estándares muy altos para mí misma. Igualmente soy humilde y comparto mis fracasos y aprendizajes. Por lo tanto, trato a mi equipo con respeto e igualdad.

"¡Es más que una aceptación total! Mi esposo también es un líder y tenemos muchos proyectos en común que nos apasionan y por los cuales nos admiramos el uno al otro."

Conclusiones del entrevistador

Sophie cree que liderar es guiar, influenciar e inspirar a otros, y lo hace con un perfil muy femenino. Es una líder que escucha, consensúa y apoya a los demás con humildad. Se focaliza en los objetivos, sin perder de vista a las personas que la siguen.

20. Entrevista a Nicolás Bruno (Argentina-Brasil)

Resumen

Ingeniero industrial de 40 años, padre de dos hijos, realizó un posgrado en Negociación y un MBA. Mientras estudiaba en la facultad fundó con sus hermanos una pequeña empresa que diseñaba y construía *stands* para exposiciones. Después trabajó en Telecom Argentina en el área de procesos comerciales de grandes clientes y en la de análisis de inversiones. Más tarde, ingresó a una consultora de gestión en São Paulo, donde realizó diferentes proyectos en América y Europa. Luego ingresó a Cervecería Quilmes en Argentina, donde se desempeñó en diferentes áreas: director de Nuevos Negocios, director de Procurement Latin America South, director de Logistics Projects en Latin America North, director de Commercial Growth, director de M&A, y la posición que ocupa actualmente es de director de Ventas de Key Accounts en Argentina.

Entrevista

¿Qué representa liderar para usted?
"Liderar es contribuir a que un equipo cumpla sus sueños. Y para cumplir sueños primero hay que soñar. Envuelto

durante muchos años en la cultura de 'Sueño Grande' de la compañía donde trabajo, estoy convencido de eso. Después de soñar, desde mi perspectiva, el rol más importante del líder es crear un sólido y complementario equipo que permita alcanzar esos sueños. El papel o rol del líder en el equipo es contribuir a que la suma de las partes se multiplique."

¿Considera que existen diferentes estilos de liderazgo, Nicolás?

"Estoy convencido de que sí. No caería en la frase de que existen tantos tipos de liderazgo como de personas. Ante todo creo que hay estilos de liderazgo: por un lado está aquel líder que ayuda a cumplir sueños, y también el líder que ni siquiera invita a soñar. Hay estilos de liderazgo que consideran fundamental conformar equipos con gente que es o que puede ser mejor que el líder, y estilos de liderazgo más mezquinos que buscan formar equipos dependientes del líder y sin potencial.

"Hay estilos de liderazgos que buscan desafiar los límites dando libertad de probar y de equivocarse, y otros estilos más rígidos que no permiten salir del *statu quo*. Hay estilos que inspiran y estilos que reprimen.

"También estoy convencido de que el estilo de liderazgo de una misma persona se va adecuando a las diferentes circunstancias de las funciones, los países, las situaciones particulares y, sin dudas, también influenciadas por temas ajenos al equipo que está liderando."

¿Qué significa en su criterio *liderazgo femenino*? ¿Cuáles son sus características?

"Entiendo que el liderazgo femenino es un liderazgo que puede ser ejercido tanto por hombres como por mujeres, y que alineado con lo que mencioné antes, cuando hablaba de las diferencias entre el hombre y la mujer, es un tipo de liderazgo que contempla muchas más variables. De alguna manera es un liderazgo más holístico que considera a la persona liderada más allá de las típicas variables de *performance*, rendimiento y dedicación. De alguna manera, un liderazgo que ve en los equipos a personas como un todo, intenta entender sus emociones y sentimientos, situaciones particulares y no simplemente su capacidad analítica, capacidad de movilizar o capacidad de entregar resultados."

¿Por qué le parece que creció tanto el liderazgo femenino en los últimos años?

"Creo que está acompañado por la evolución de las sociedades en múltiples aspectos. Un aspecto saludable es el de la incursión de la mujer en el ambiente laboral. Con su mera presencia, las mujeres incorporan dimensiones antiguamente ignoradas por los hombres. Acompañando a este fenómeno de la inserción de la mujer en el ambiente laboral, el rol del hombre en el hogar también ha cambiado drásticamente. Hoy los hombres suelen tener necesidades de vínculo, colaboración y presencia en el hogar que tal vez nuestros padres relegaban por el trabajo."

¿Cómo manejan el equipo los líderes femeninos?

"En mi empresa comenzaron a entenderse las causas más relevantes del 'abandono' de la compañía de empleados con potencial. En función de esto se están implementando diversas acciones para mejorar el clima y estas acciones imponen un nuevo estilo de liderazgo que se acerca a lo que llamamos liderazgo femenino.

"Este estilo de liderazgo está más asociado a fomentar la inspiración y el desarrollo integral de la persona, marcando rumbos, coordinando, como contrapartida de un estilo de liderazgo más 'masculino' y militarizado de órdenes de parte del líder y ejecución de parte de los equipos.

"Este liderazgo multidimensional tiende a explorar la complementariedad de los equipos y no la típica uniformidad.

"Cumplir sueños es mucho más difícil que cumplir órdenes y el trabajo de un líder femenino es infinitamente mayor."

¿Qué obstáculos encuentra al utilizar este estilo de liderazgo?

"El mayor obstáculo, como frente a la mayoría de los cambios, es la escasez de paciencia.

"Por más imperfectos que hayan sido los modelos anteriores de liderazgo, son modelos que han brindado sus buenos resultados en distintos ambientes. Cambiar siempre encuentra resistencia y en una empresa todavía conviven varias generaciones que han atravesado diferentes estilos, valores y coyunturas históricas.

"Los obstáculos pueden ser diversos. El liderazgo femenino requiere contemplar muchas más dimensiones y no todas las personas están preparadas para procesar variables desconocidas o ignoradas.

"Un liderazgo femenino exige, por su naturaleza multidimensional y por su necesidad de contemplar a la persona como un todo, brindar tratamiento y dedicación personalizada para tratar de entender las verdaderas necesidades y cómo maximizar la entrega de cada individuo. Cada uno recibe lo que necesita y no es la misma fórmula para todos. Esto puede generar rispideces entre colegas que no interpretan las diferencias como justas."

¿Siente que un líder femenino es más emocional? ¿Qué consecuencias tiene esto?

"Como una virtud sí. Como consecuencia positiva puede ayudar a evolucionar a un equipo en tiempos de crisis. Alguna consecuencia negativa puede estar vinculada a la falta de definición al contemplar demasiadas variables."

¿Qué siente a la hora de liderar? (Liste las características).

"Una mezcla de varias de esas cosas. Placer por ayudar a alguien a ser mejor. Ansiedad porque puedo no lograrlo. Confianza en que todo va a salir bien, orgullo cuando algún miembro del equipo presenta mejoras sustanciales o es ayudado por un consejo o recomendación que haga. Responsabilidad porque siento que de mí depende, en cierta medida, el progreso personal y profesional de mis liderados. Responsabilidad también en el sentido de continuar la cadena de favores, ya que alguna vez alguien me ayudó a ser mejor persona o profesional."

¿Qué hace un líder femenino para llevar adelante un equipo que no quiere cooperar?

"Intenta entender qué moviliza a cada uno de los miembros de un equipo, los saca de su hábitat natural. Dependiendo de la resistencia, en encuentros individuales o en alguna actividad grupal fuera del ámbito laboral.

"La clave está en identificar qué es lo que cada miembro del equipo necesita para sumarse al proyecto y trabajar sobre eso."

¿Cómo ejerce la autoridad y cómo es poner límites con este estilo?

"La autoridad se impone por lo que genera el líder en sus equipos. Es un proceso de retroalimentación. Cuando un líder contribuye a maximizar el potencial de las personas, estas personas inmediatamente admiran, respetan y acompañan a un líder. Los límites también son más sencillos. No están guiados por el temor a represalias sino por entender que en ciertos puntos existe un límite.

"Es muy diferente estar frente a un líder autoritario donde el límite es extremo que frente a un líder femenino donde rara vez tenga que imponer un límite sin consensuar o dejando de lado variables o aspectos que en la mayoría de los casos suele contemplar."

Conclusiones del entrevistador

Nicolás parece ser un *gestor de sueños,* un líder nato con la convicción de que su rol es crear equipos de trabajo. Se lo ve emocional, empático y humano. Pone en primer lugar a las personas. Su estilo es democrático y afiliativo. Liderar le provoca placer, confianza y responsabilidad.

21. Entrevista a Luciana Barrichelo (Brasil)

Resumen

Es socia fundadora de Lemon Consultoria, dedicada al asesoramiento sobre marcas, mercado y comportamientos de consumo. Fundada en 2012, Lemon tiene un modelo de negocio *handmade*, trabaja con pocos clientes que se convierten en socios. Su diferencial se basa en "usar los zapatos de sus clientes". Luciana es periodista, experta en periodismo científico e internacional. Especializada en marketing, planeamiento y estrategia, inteligencia de mercado y ciencia de consumo. Casada desde hace 15 años, madre de tres hijos. Su pasatiempo favorito consiste en largas sesiones de cine.

Entrevista

¿Qué representa para usted liderar?
"Incentivar, movilizar, entusiasmar, orientar a las personas hacia un mismo objetivo."

¿Qué significa para usted *femenino*?
"Una competencia emocional nata."

¿Qué entiende usted por liderazgo femenino? ¿Cuáles serían sus características?
"Usar habilidades técnicas/intelectuales junto a habilidades emocionales. Como resultado de esta herramienta naturalmente femenina, liderar deja de ser mandar, ordenar, y pasa a ser compartir, modelar, ajustar, aprender compartiendo juntos.

"Significa gerenciar diariamente, es un *full time job*. Haber tenido tres hijos (personas con habilidades, expectativas y comportamientos muy diferentes) me garantizó tener más habilidades para lidiar con empleados, clientes, proveedores, tiempo, etc. Es un aprendizaje continuo."

¿Por qué cree que creció tanto este estilo de liderazgo femenino en los últimos años?

"Creció naturalmente, para ocupar un espacio que siempre existió y que ahora está disponible de hecho y derecho."

¿Cómo lideran los líderes con estilo femenino vs. los líderes con estilo masculino?

"Buscando recuerdos de líderes femeninas con las cuales trabajé, mirando a mis pares y analizando el día a día digo que los líderes femeninos (y pueden ser hombres o mujeres) son más integradores, conciliadores, incluso cuando son competitivos."

¿Qué busca hoy un empleado en la empresa que antes no buscaba?

"Sentido de pertenencia. De encontrarle sentido al proceso. Y eso puede ser lo más cercano a la realización profesional."

¿Cómo conducen y unen un equipo y la empresa los líderes femeninos?

"Creo que con más atención y conciliación a individuo, y no solo a las competencias técnicas individuales. Se mira un conjunto de personas y no solo aptitudes.".

¿Siente que un líder femenino es más emocional? ¿Qué consecuencias tendría esto?

"Cuando el liderazgo femenino tiene lo emocional como sinónimo de cuidado del otro, compartir, agrupar, entiendo que es siempre un modelo de gestión muy positivo. Pero cuando hay una connotación donde lo emocional es percibido como fragilidad, debe haber un ajuste, una revisión."

¿Qué siente a la hora de liderar?

"Siento placer, confianza, orgullo, amor y responsabilidad."

Si a la hora de liderar algo fracasa o no sale como estaba esperado o planeado, ¿cómo lo resuelve? ¿Qué medidas toma? ¿Cómo continúa?

"Particularmente, siempre empiezo un proyecto con

por lo menos tres planes de contingencia. Tengo un perfil de conducta muy analítico y siempre planeo previendo dificultades y resultados no previstos. De esta forma, rever el curso nunca es una sorpresa y lo hago con mucha tranquilidad y lo tomo siempre como un aprendizaje."

¿Cómo hace un líder femenino para conducir un equipo que no coopera?

"Humanizando a los 'desmotivados'. Siempre digo que los villanos no nacen villanos. Siempre hay una buena justificación para ser lo que se es. Al querer entender a los desmotivados siempre propongo ayuda, orientaciones para que ellos vuelvan a estar alineados con los demás y con sus expectativas. Al límite y de común acuerdo, los sustituyo."

¿Tiene alguna persona referente que represente el estilo de liderazgo femenino?

"Varias, pero ninguna de conocimiento mundial. Me inspiro mucho en pequeños actos, personas simples, de mi día a día, con actos inspiradores."

Conclusiones del entrevistador

Luciana es una líder con un perfil claramente humano, integrador y motivador, muy conocedora de sus seguidores, conjugado con una inclinación por lo analítico y la obtención de resultados. Algunas de sus características son la responsabilidad, la planificación, la búsqueda de soluciones.

22. Entrevista a Lucila Dietrich (Argentina)

Resumen

Es directora de Dietrich y directora general de Mujeres al Volante (MAV). Licenciada en Publicidad. Como responsable de todo lo relacionado con la cultura e imagen del grupo de comercio automotor que fundó su padre, su misión es conservar los valores con los que fue creado hace 50 años. La empresa hoy posee un plantel de 550 empleados. Dietrich es un grupo que tiene distintas sociedades con diversas unidades de negocios como Localiza, La Blindadora, Usados, Ford, Volkswagen. Además, creó una comunidad de mujeres en el mundo de los autos, MAV, hace 12 años.

Entrevista

¿Qué representa para usted liderar?

Afirma que liderar es lograr el respeto y la admiración de los seguidores sin ser autoritario. "El gran problema que tienen muchos líderes es que la gente los respeta porque imponen autoritarismo o el sistema de premio-castigo, pero un buen líder es respetado por su naturaleza y por el ejemplo que da." Y hace una comparación: "Esto es como las familias, hay una publicidad espectacular donde muestran una madre que fuma, un adulto que tira basura al piso, un conductor que no cede el paso al peatón, un hombre que maltrata a una mujer, y muestra los niños que los imitan, haciendo exactamente lo mismo, entonces la cultura del ejemplo es algo clave". Es partidaria de liderar con el ejemplo.

Cree que su padre es un ejemplo de un buen líder, y manifiesta una expresión de deseo: "Ojalá la gente diga eso de mí, que sea una persona que la gente admira, respeta, que no inspira miedo. Hay muchos que cuando entra el jefe hacen de cuenta que están trabajando. Para mí no es así, si entro y el empleado está en facebook, está todo bien mientras cumpla con los objetivos".

¿Qué significa para usted *femenino*?

"Ser empática, sea hombre o mujer, un atributo de ser femenino es ponerte en el lugar del otro. Tener en cuenta los detalles, por eso a veces es tan importante tener mujeres en puestos tradicionalmente ocupados por hombres porque somos más detallistas que ellos.

"Dejarse llevar por el instinto, aquello que huele y que sin hacer un *Business Plan* ya se sabe que va a funcionar, que no se necesita tanto número, porque tanteando ya se sabe de antemano que va a funcionar."

¿Qué significa *liderazgo*?

Para Lucila se trata de tener empatía, escucha activa, detalle, capacidad de hacer 15 cosas a la vez (sabiendo que su hijo tiene 40 grados de fiebre no te va dejar el trabajo sin hacer); visión global de la compañía; consideración por los demás (no se mira su propio ombligo, mira primero los de los demás y después se fija en el suyo); sentido de pertenencia a la empresa (por lo general están mucho tiempo en esa empresa y hacen carrera allí); trabajo en equipo (y los resultados son logros del equipo y no individuales). Usar el plural, reconocimiento y motivación, dar *feedback* y hacer una devolución de su desempeño: "La gente tiene que saber cómo está trabajando porque el día de mañana si hay que despedir a una persona por mal rendimiento y nunca se le hizo una evaluación de desempeño, él no entiende nada". Fidelidad, alma y corazón.

Y también señala las características de un líder negativo:

- Se les pone alguien de punto y lo atacan hasta que se cansen.
- Son muy egocéntricos.
- Son muy individualistas, hablan de ellos en vez del equipo: "les presento lo que hice", cuando están mostrando el trabajo del equipo.
- Hablan en singular: muy característico de las "minas jodidas" es que hablan de yo, yo, yo.

¿Por qué creció tanto este estilo de liderazgo?

"Va aparejado con la sociedad, las mismas empresas lo empiezan a pedir y los clientes lo necesitan. Este tipo de liderazgo, que puede darse en hombres y mujeres, a veces es más fácil encontrarlo en mujeres.

"Otro factor que influye en el crecimiento de este estilo de liderazgo es el aumento de mujeres en los ambientes de trabajo; en el equipo de jóvenes de mi empresa la población es mitad hombres y mitad mujeres."

Ella insiste en que en su trabajo pide a los empleados que busquen algo que los apasione, como consecuencia se armaron los desarrollos de carrera internos, postulaciones, cambios de puesto.

Trae una frase que suele utilizar siempre: "Trabajar y ser líder no quiere decir estar 10 horas en una oficina; para mí, ser un líder es estar a cargo de algo que te apasione y que te genere motivación personal y puede ser que desde tu casa vendas pasajes de avión, y que sea tu emprendimiento o que seas empleada de una empresa pero que vos tengas tu propia plata por el esfuerzo que hiciste en ese trabajo que estás haciendo. Ser líder no quiere decir trabajar 24 horas por día".

¿Qué buscan hoy los empleados?

"Por sobre todas las cosas que los valoren y que su tarea sea útil para los objetivos de su empresa. Antes las personas venían por un sueldo y llegaban a fin de mes, cobraban y listo. Actualmente, en los resultados de las encuestas de clima laboral, entre la generación de los más jóvenes, lo que más les importa es el grupo de trabajo, las condiciones edilicias y tener acceso a las redes sociales. Es fundamental tener pautas claras de cuál es el objetivo en el trabajo, de qué es lo que se tiene que hacer. Si no encuentran ese buen clima laboral se van, especialmente los jóvenes, duran una semana y se van, y ni te avisan que se van. Por eso es muy importante dentro de las estrategias de RR.HH. segmentar por generación y aplicar distintas estrategias para cada uno, la Generación X, Y, *baby boomers*, etc. Porque todos tienen necesidades diferentes."

¿Cómo manejan y unen al equipo y su empresa los líderes femeninos?

"Primero trabajan la integración del equipo, sobre todo en aquellos equipos que son bastantes heterogéneos en cuanto a sexo y edad. Luego en la confianza, que los integrantes del equipo tengan confianza en ellos."

¿Siente que un líder femenino es más emocional? ¿Qué consecuencias tiene esto?

Para Lucila la respuesta es un rotundo "sí"; considera al líder femenino 100% más emocional y más sensible: "Es un gran trabajo de las líderes contenerse en algunas situaciones de impotencia que generan ganas de llorar, tener que bancársela y después salir de la oficina e inundar el baño, pero delante de los demás no bajar ninguna lágrima".

Como consecuencia de esto tendría pérdida de objetividad. Especialmente lo difícil que resulta desvincular empleados, al punto de no poder lograrlo. Personalmente, ella sufre muchas manifestaciones corporales, como semanas sin dormir, contracturas, dolor de cabeza: "Creo que un líder masculino las puede llegar a manejar más fríamente; los líderes femeninos meten más el alma y el corazón, por eso son mucho más fieles a la compañía que los líderes masculinos, porque ponen su corazón al 100%, y dan la vida por la empresa y por el equipo de trabajo. Un líder femenino va a defender a fondo a un integrante del equipo porque es muy emocional". Pero aclara que no en todos los casos es bueno ser emocional.

¿Con qué herramientas cuenta un líder femenino?

Además de las características ya mencionadas agrega *conocimiento del personal*: "Conocer el equipo al 100%, los líderes femeninos saben la vida personal del equipo. A veces tienen 1.000 personas a cargo y es difícil, pero tienen ese detalle".

¿Qué hace un líder femenino para llevar adelante un equipo que no quiere cooperar?

"Primero, identifica a las personas del equipo que influyen como factores negativos, luego se reúne con esas personas, les da oportunidades y les hace seguimiento, las *coachea*, y después de un tiempo, si la persona no cambia, ahí recién decide cambiarla."

Para Lucila también sucede que cuando alguien no funciona es porque el líder no está haciendo que la persona funcione. "Hay que evaluar, si el grupo entero no funciona es responsabilidad del líder."

¿Cómo ejerce la autoridad en el hogar? ¿Replica el estilo del trabajo?

"Justo fue el tema ayer en terapia, mi gran desafío es no manejar a mi familia como si fuera la empresa; mi marido a veces me dice: 'Pará, vos acá no sos CEO'. Es un desafío: no seguir siendo un CEO en tu casa porque la verdad es que tu casa es otro ambiente totalmente distinto, pero tampoco irte para el otro lado (demasiado relajado)."

En la mayoría de las preguntas surge la palabra desafío y esto de ver las cosas desde los dos lados, el equilibrio y el desafío, la cara y la contrapartida...

Esto es algo que Lucila considera un sello personal, le pasa como madre: "Es como ser macanuda sin ser la amiga, como ser que te dé bola sin ser una autoritaria, como generar buena onda con las amigas de tu hija sin ser su amiga, como ser compañera y a la vez poder poner límites". Y le pasa como empresaria: "Cómo ser macanuda sin que te tomen por idiota. Cómo hago que me respete el resto de la organización sin ser una 'agreta'".

¿Alguna persona referente que represente un estilo de liderazgo femenino?

Lucila menciona en primer lugar y sin pensarlo mucho a su padre, quien según su criterio tiene todas las características de un líder femenino y tuvo éxito. También menciona como referentes a Mechi Castelli, que es directora en Dietrich hace 11 años, y a Isella Costantini, actual presidente de General Motors, quien se hizo su lugar, tanto en Argentina como en el mundo de los autos, sin perder su esencia femenina.

Conclusiones del entrevistador

Su estilo de liderazgo es participativo, empático, de escucha activa y consideración por la persona. Para ella, el liderazgo se relaciona con dar el ejemplo. Apuesta tanto a los resultados como al equipo. Es tan fundamental el reconocimiento del esfuerzo personal como las metas y los logros profesionales. Considera que existe un estilo de liderazgo femenino, el cual pretende representar con convicción. Es una líder guiada por fuertes valores familiares que supo sacar provecho de sus capacidades adaptándose a las circunstancias.

23. Entrevista a Juan Pablo López (Argentina)

Resumen

Es licenciado en Administración, UBA, y ha continuado su formación con un programa de Desarrollo de Habilidades Gerenciales, Universidad Torcuato Di Tella, un MBA con Major en RR.HH., Universidad de Palermo, y un posgrado en Capacitación y Desarrollo, Universidad de Belgrano. Se desempeña con éxito como subgerente de Capacitación del Grupo Falabella, y ha tenido experiencia previa en empresas como Toyota, Quickfood y Metropolitan Life. Considera que la actividad para el físico es fundamental, pero también lo es alguna actividad para el alma, como cantar y tocar la guitarra.

Entrevista

¿Qué representa liderar para usted?

"Hacer que pasen cosas que no eran posibles antes de lograrlas, ampliar el horizonte de posibilidades. La capacidad de transformar personas (tus acciones y gestos transforman a los demás) en pos del objetivo del líder y el desarrollo de los demás como personas, hacer aportes en sus vidas."

¿Cómo es su estilo de liderazgo?
"Lidero mucho con el ejemplo, dando autonomía, los dejo aprender de sus acciones y errores. Genero espacios para encauzar los caminos de cada uno.

"Pido y valoro los aportes de la gente, no me las sé todas. Reconozco los logros de los demás. No me quedo con los éxitos de otros."

¿Cuáles son las características diferenciales de su liderazgo? (físicas, fisiológicas, psíquicas, emocionales, hemisferios del cerebro, etc.).

"Dar el ejemplo, brindar autonomía, encauzar, guiar, manejar la emocionalidad, generar un buen ambiente de trabajo, dejarse llevar por lo que siente. Orientar hacia resultados, trabajar con indicadores y procesos, buscar puntos de mejora." Juan Pablo cree en ser disciplinado y ordenado, le gusta dar y recibir indicaciones y parámetros claros, encontrar la frase justa para resumir las cosas, se ve reflexivo, racional, con buena templanza para el manejo de situaciones conflictivas, aunque prefiere evitarlas.

En algunos momentos siente que cede autoridad o deja espacios para que otros avancen.

¿Cómo lideran los líderes con un estilo masculino y los que tienen uno más femenino?

"No tiene que ver con hombres y mujeres." A Juan Pablo le suena más liderazgo *hard* y *soft*.

"Las empresas que aplican liderazgo *soft* tienen otras virtudes distintas de las masculinas. En algunas empresas *hard* en las que he trabajado, cuando falla la gente lo ven como un error de procesos. Pero no se piensa en las razones que hicieron que esa persona fallara, sino si puede o no puede hacer el trabajo; entonces, si no puede se la cambia de lugar donde su capacidad esté acorde con el trabajo encomendado. Pero hay poca o nula consideración de la situación desde el punto de vista del individuo.

"En el otro extremo, tampoco veo bueno empresas muy

soft. Preocuparse tanto por la situación individual de cada persona hace perder eficiencia y perspectiva. Ninguno de los dos extremos es bueno. Creo en un liderazgo mixto: resultados pero cuidando a las personas (que son las que te permiten lograr los resultados). Hay que elegir el mejor modelo para cada equipo y momento."

¿Qué significa en su criterio *liderazgo femenino*? ¿Cuáles son sus características? ¿Qué es liderazgo *soft*?

"Preocupación por las personas, ambientes de trabajo que les gusten, una visión que inspire a la gente, escuchar permanentemente la opinión de todos. Es el perfil que se acerca al de un líder de proyecto."

¿Qué buscan hoy los empleados en la empresa que antes no buscaban?

"Reconocimiento de cualquier tipo, que se los entienda, participar en los proyectos, que se los desafíe."

¿Cómo manejan el equipo y su empresa los líderes femeninos?

"Hago reuniones semanales individuales, una reunión semanal con todos, que me mantengan informado, que me copien en los mails, que me pidan lo que necesitan, que no dependan de mí para su trabajo.

"Siempre es tratar de entender a la otra persona, para entenderla, darle soporte, darle un lugar."

¿Qué obstáculos encuentra al utilizar este estilo de liderazgo?

Juan Pablo enumera uno a uno los obstáculos con los que se ha encontrado en su carrera:

"Empezar en un equipo que ya está establecido es un obstáculo, ya que hay que amoldarse a él y eso lleva tiempo.

"Otro obstáculo es cómo ellos perciben las inconsistencias de la organización.

"El estado de humor de uno, las tareas del día a día, cómo interfiere uno mismo en el equipo por su estado de ánimo."

¿Qué siente a la hora de liderar?
Juan Pablo manifiesta que principalmente siente: "Ansiedad, confianza, inseguridad, orgullo, adrenalina, amor, poder, responsabilidad. Resuenan más: ansiedad, poder, orgullo".

Si en el ejercicio del liderazgo algo sale mal, fracasa o no sale como estaba esperado o planeado, ¿cómo lo resuelven los líderes con estilo femenino?
"Nunca con una reacción enérgica. No reacciono mal en general. Todo el mundo puede equivocarse. Hay que entender por qué esa persona se equivocó. Hay que entender la situación. Lo importante es dar después un *feedback* de lo sucedido."

¿Cómo se manejan estos líderes –y usted en particular– en sus roles familiares y profesionales?
"Por supuesto que no soy el mismo. Siempre hay alguna diferencia. En los distintos ámbitos somos diferentes. En todos lados soy de tomar la iniciativa."

¿Cómo ejerce la autoridad o cómo es poner límites con este estilo? ¿Replica el estilo del trabajo en el hogar?
"Logro la autoridad a través de la inspiración. A través de las presentaciones del equipo. Cuando se pone en duda mi autoridad freno 'al toque' el tema.

"Ejerzo la autoridad en la forma de pedir, soy muy cuidadoso con eso. Hay que pedir bien para que se haga bien. Soy muy claro y directivo, otras veces abro el juego y lo hago en el resumen, al cerrar el tema. Si alguien tuvo una excelente idea, lo reconozco."

¿Hay algo más que quiera compartir con nosotros?
"No hay que quedarse solamente en el liderazgo, todos los aspectos de la vida del líder deben estar equilibrados, cuidar mucho el estado de ánimo. Les recomiendo a los líderes que exploren todos sus dominios, por ejemplo, pueden ser actividades artísticas, profesionales, deportivas o cualquier *hobby* que permita ampliar su horizonte de posibilidades.

El liderazgo *soft* tiene mucho que ver con encontrar el 'centro', la espiritualidad, descubrirle un 'sentido', pero cada uno lo puede encontrar de distintas maneras. Hoy está la posibilidad de ser líder a través de cualquier actividad o en cualquier medio (humorístico, artístico, lúdico). De todas maneras, se trata de personas inquietas que buscan otras realidades, ampliar el ámbito de posibilidades."

Conclusiones del entrevistador

Juan Pablo parece tener un estilo de conducción directivo, basado en marcar el punto, dar el ejemplo y reconocer los logros. Su perfil reflexivo y racional le permite resolver conflictos exitosamente. Se lo ve centrado, profundo, decidido, enfocado en la búsqueda de soluciones más que en los problemas.

24. Entrevista a Carmen Gutiérrez (Venezuela)

Resumen

Carmen se graduó en Relaciones Industriales en Caracas, Venezuela; comenzó su carrera profesional en el área de Ventas, lo que la impulsó a realizar un posgrado en Mercadeo y Negocios. Posterior a eso continuó su carrera profesional en el área comercial en varias empresas líderes en consumo masivo, desde representante de ventas, pasando por mercadeo de canales y categorías, gerente de Cuentas Claves, hasta gerente de Trade Marketing en tres grandes empresas en Venezuela. Luego emigró a Estados Unidos y continuó en el área comercial, pero desde la consultoría en Pharus People & Business. Hoy tiene el cargo de Gerente Comercial de Paisa, manejando el consumo masivo para Estados Unidos y Latinoamérica.

Entrevista

¿Qué representa liderar para usted?
"Para mí es hacer las cosas de la mejor manera, trabajar con excelencia para generar credibilidad en el equipo de trabajo, que la gente te siga por ser buen líder, buen profesional y no un jefe autoritario. Es vital que los empleados que nos reportan a los líderes trabajen felices, que les guste lo que hacen, que se sientan orgullosos de su trabajo y comprometidos con la empresa. Trabajo día a día la inteligencia emocional".

¿Cómo progresa profesionalmente en un mundo tan masculinizado como es el de las empresas venezolanas?
Carmen piensa unos minutos y nos contesta: "Creo que no solo sucede en Venezuela, a nivel mundial el ambiente laboral es masculinizado. Pero las mujeres están demostrando cada día más las cualidades de liderazgo que son más innatas en la mujer que en el hombre, como precisamente es la inteligencia emocional, ser guías, ser maestras de nuestros empleados, entender que son seres humanos. A la vez la mujer es más incisiva, perseverante, organizada y sabe trabajar la política en el mundo laboral".

¿Qué diferencias culturales encontró respecto del liderazgo en Miami y Caracas?
"Miami, a pesar de ser netamente una ciudad latina, tiene adoptada la cultura de eficiencia americana, las cosas se hacen como son, se valora el tiempo, y se valora la eficiencia porque los costos operativos son altos y los márgenes de ganancia menores, simplemente hay mucha más competencia, esto hace que como líderes nos aseguremos de tener a la gente correcta en el lugar correcto, no hay cabida para el amiguismo, que es muy común en Latinoamérica."

¿Cómo hace para decirle a un empleado con estilo masculino que está haciendo mal las cosas?
"Siempre que doy *feedback* comienzo por lo positivo, suelo

preguntarle qué cree que hizo mal o bien en la situación ocurrida, explico lo más completo que pueda lo que considero que está mal hecho, las consecuencias de eso para la organización, que es fundamental para que internalice el problema. Me aseguro de que haya entendido, y espero en su contestación cómo podrá mejorarlo".

¿Qué significa en su criterio liderar con mente femenina? ¿Cuáles son sus características?

Carmen nos contesta que nunca había escuchado ese término, pero supone que tiene que ver con apelar más a lo emocional que a lo autoritario, y completa diciendo que "el líder masculino es más autoritario, incluso suele sembrar miedo e intimidar a sus subordinados".

¿Por qué le parece que creció tanto este tipo de liderazgo en los últimos años?

Ella considera que "el mundo va evolucionando, los empleados están cada vez más preparados a nivel intelectual, muchas veces más preparados que sus jefes, ya no siguen a su jefe si no están convencidos de lo que este les pide hacer. Las nuevas generaciones no siguen instrucciones por seguir, quieren estar claros sobre lo que hay que hacer y para qué deben hacerlo. Los empleados hoy buscan crecen, superarse, hacer lo mejor que puedan para su desarrollo profesional".

¿De qué manera maneja usted el equipo o su empresa?

"Me aseguro de que mi equipo tenga claro lo que se espera de ellos, desde las metas de ventas, hasta los objetivos anuales. Hago reuniones de *status* con mis reportes y con mis pares para que la comunicación sea fluida. Doy seguimiento a las cosas y cuando no salen bien trato de entender dónde estuvo la falla para que no vuelva a ocurrir. Doy muchísimo *feedback* positivo y reconocimiento constante", dice Carmen emocionada.

¿Qué espera de sus seguidores y cómo se lo hace saber?

"Compromiso con la empresa, ser siempre honesto con ellos mismos y con la compañía. Honestidad, organización, planificación, orientación a resultados, mejoramiento continuo. Que lleguen a sus metas, con reuniones, objetivos mensuales y anuales claros, y seguimiento de los mismos."

¿En qué se fija a la hora de seleccionar un nuevo colaborador?

"En que cumpla con las competencias que previamente definí para ese cargo. Que alguien sea mal empleado es siempre, desde mi criterio, responsabilidad del jefe: o contraté a la persona incorrecta para el cargo, o no lo supe entrenar o no lo supe supervisar. Por lo tanto, busco además de la experiencia, que es importante, que tenga las competencias, porque si la persona tiene las competencias correctas puede aprender algo aunque nunca haya hecho antes. También que tenga los valores de la empresa, esto es fundamental."

¿Qué obstáculos encuentra al aplicar su estilo de liderazgo?

"No a todos los empleados les gusta que le hagan seguimiento, es muy de la cultura latina. En la cultura americana es más normal, es parte de cómo deben hacerse las cosas, y para el venezolano quiere decir que el jefe desconfía del trabajo de uno."

¿Cómo ejerce la autoridad o cómo es poner límites con este estilo?

"Diciendo las cosas claras, poniendo fechas a todo, tiempos de entrega, tiempos de mejora."

¿Qué hace para llevar adelante un equipo que no quiere cooperar?

"Si no cooperan es porque no les gusta lo que hacen, no sigo con ese equipo, los cambio y busco los empleados correctos. Es una situación difícil, la he vivido dos veces en mi carrera, pero es lo más sano para la empresa y para el empleado."

¿Cómo maneja la relación con líderes y colegas con estilo marcadamente masculino?

"Me adapto al estilo de liderazgo tanto de mis colegas como de mis jefes, siempre y cuando no impongan su estilo con mi equipo de trabajo. En ocasiones doy *feedback* a otros líderes si veo que están abiertos a eso, doy consejos si sé que los van a tomar positivamente, poniendo ejemplos de situaciones en que mi estilo de liderazgo ha funcionado."

¿Qué cambia en su rol familiar y profesional? ¿Replica el estilo del trabajo en el hogar?

"Creo que sí, uso mucho la inteligencia emocional sobre todo con mis hijos, me aseguro de que entienden la importancia de lo que hacen; si se sacan una mala nota, no les obligo a estudiar, intento que internalicen lo importante de sacar buenas notas para que se esfuercen por su propia convicción."

¿Hay algo más que quiera compartir con nosotros?

"He aprendido mucho de lo que sé en cuanto a liderazgo cuando estuve en Pharus, en el tiempoen que trabajé para la consultora al llegar a Miami. Y adopté para mí personalmente la filosofía de Pharus de cómo un buen empleado, motivado y feliz, llega a casa contento, transmite felicidad a su equipo y contribuye a crear una empresa mejor."

Conclusiones del entrevistador

Carmen es un muy buen ejemplo en el que se puede encontrar un mix entre amorosidad, empatía y contención latinas, con la exigencia, objetividad y disciplina norteamericanas. Ella ha sabido prosperar en un mundo masculinizado, generando altos resultados a partir de valores muy claros y equipos que la valoran y estiman mucho.

25. Entrevista a Christian Bernal (Argentina)

Resumen

Christian Bernal ingresó a Walmart en 2012 como director de Recursos Humanos, posición que ocupa a la fecha. Antes fue Gerente Corporativo de RR.HH. en el Grupo Falabella (Falabella, Sodimac, CMR, Viajes Falabella y Servicios Financieros) durante 5 años. Cuenta con más de 26 años de trayectoria en RR.HH. en compañías de primera línea, tales como Musimundo, Home Depot y Cencosud. En cuanto a su formación, es licenciado en Relaciones Laborales, cuenta con un posgrado en Capacitación y Desarrollo en la Universidad de Belgrano y es MBA de la Universidad del CEMA. Actualmente está realizando el Programa de Coaching Organizacional de la Universidad de San Andrés. Christian tiene 42 años, está casado y tiene 4 hijos.

Entrevista

Hace unos años te ibas de Falabella y me contrataste para hacer una actividad de despedida y traspaso con todo tu equipo; es algo poco usual, ¿cómo se te ocurrió?

"Lo pensé como una reunión de cierre de ciclo. Para hacer un balance de nuestra gestión. Tener conciencia de lo logrado y darle traspaso a mi reemplazo y ayudar a trabajar en conjunto el inicio de un nuevo ciclo, quería dejar las cosas en orden."

¿Qué sentiste?

"Yo estaba cosechando, viendo todo lo que habíamos sembrado... fue fantástico. Tomé conciencia de todo lo que logramos como equipo. Habría que hacerlo más seguido para tomar conciencia de los logros alcanzados."

Si algo tienen tus equipos es que todos te valoran y aprecian enormemente, ¿cómo lo lográs?

"Creo que armo buenos equipos. Elijo gente con características distintas a las mías y por sobre todo mejores que yo. Es fundamental que sean buena gente. El 'don de gentes' hace al equipo. Soy muy transparente, todos saben lo que pienso. Me muestro vulnerable, digo si algo me preocupa. Les aconsejo lo que deben trabajar para mejorar, de una manera sincera y contenedora. Me enfoco en lo bueno de cada persona, porque creo que todos tenemos mucho para aportar y hay que valorarlo cada vez que se pueda. Lo más importante es hacer que se complementen entre ellos."

Tu esposa Mariana también es una líder sumamente exitosa hoy en una empresa muy grande, ¿cómo manejan todo ese éxito en casa?

"No hablamos de trabajo. Pasamos a tener otros roles cuando llegamos a casa y somos iguales en ese ámbito. Nos compensamos mucho en nuestros estilos, hacemos un buen equipo con los chicos. Cuando ella comienza a decirme cómo hacer las cosas le digo: El coaching dejalo para otro momento", comenta mientras se ríe.

¿Te ha tocado trabajar con líderes con estilos distintos al tuyo? ¿Cómo hiciste para influir en ellos, para imponer tu estilo?

"La imposición no funciona, los cambios en las conductas tienen que ser por verdadera convicción para que sean sostenibles en el tiempo. Es fundamental escuchar y conocer a las personas. Conocer sus motivaciones. Hay que mostrarles con resultados concretos los impactos que provocan sus actos en la organización.

"Para mí la gente con estilos distintos representa desafíos muy interesantes.

"Hay que trabajar lo emocional con pequeños ejercicios, ir cambiando pequeñas actitudes y así se van dando cuenta de las ventajas que eso trae."

¿Cómo hace un líder con tantas responsabilidades para no perder el foco?

"No es nada sencillo. Es fundamental tener una buena planificación, separar lo urgente de lo importante y comenzar por crear el equipo de trabajo. Hay que dedicar mucho tiempo y esfuerzo en el equipo, es la mejor inversión."

¿Cuáles son los valores que defendés y promocionás en tus equipos?

Christian nos dice que le importan: la vocación de servicio, dar respuestas, colaboración, genuina preocupación por la gente, respeto por todas las personas, buen humor, divertirse haciendo el trabajo. Más diversión = más productividad.

¿Qué demandás de tus seguidores? (actitudes, comportamientos, habilidades, etc.).

"Que tengan buenos valores por sobre todas las cosas. También es fundamental que tengan pasión en los desafíos que encaran día a día. Trabajar en equipo. Es muy importante hoy más que nunca que tengan flexibilidad para adaptarse rápidamente a distintas actividades, equipos, ritmos y metodologías de trabajo."

¿Cuáles son las cosas más importantes que hacés como líder?

- Trabajo muy cercano a mi equipo.
- Escucho mucho a cada uno de ellos.
- Me muestro vulnerable.
- Busco y potencio lo mejor de cada uno.
- Conozco las motivaciones de cada colaborador. Qué le gusta hacer.
- Invierto mucho tiempo en su desarrollo.
- Les explico los porqués de mis decisiones y el impacto en el área y la compañía.
- Me divierto con ellos.
- Soy muy exigente y detallista.

Si en el ejercicio del liderazgo algo sale mal, fracasa o no sale como lo esperado o planeado, ¿cómo lo resolvés? ¿Qué medidas tomás? ¿Cómo seguís adelante?

"Me enojo mucho conmigo mismo. Me exijo mucho más de lo que exijo a mi gente y me focalizo en aprender del error que cometí, analizarlo para mejorar y volver a encarar.

"Si es un error del equipo me junto con ellos para analizar entre todos qué pasó y cómo manejarlo a partir de ese momento. Si lo cometió un empleado reviso primero en qué pude haber dado yo un mejor soporte y cómo lo puedo hacer mejor a futuro."

¿Cómo ejercés la autoridad o cómo es poner límites con este estilo?

"Explicando el porqué de las decisiones. Lo hago siendo muy directo y transparente. Escuchando y volviendo a explicar por qué cada límite y el impacto que tiene en el negocio. Siempre hay que tratar de buscar un balance entre las necesidades del empleado y las de la organización, la ecuación debe ser equilibrada."

¿Cómo concretás el proceso de despido de un empleado? ¿En dónde hacés hincapié?

"Es uno de los momentos más duros de trabajar en RR.HH.: comunicarle a una persona que se queda sin trabajo. Antes de esa conversación, me pregunto: por qué me toca a mí, y después de hacerlo pienso: qué bueno que fui yo, porque pude cuidar, contener, escuchar, y tratar de que esa situación sea lo menos dolorosa posible."

¿Cómo hacés para mantener el equilibrio trabajo/familia teniendo 4 hijos y un puesto tan demandante?

"Mucho trabajo en equipo. Tenemos muy bien definida la planificación de tareas de cada uno con mi mujer en base a nuestras fortalezas y áreas de preferencia.

"Hay que saber priorizar, elegir, poder decir que 'no' y estar dispuesto a sacrificar cosas algunas veces.

"Mi trabajo me hace feliz, aunque mi fuente de energía es mi familia. Y trato de estar muy presente con ellos.

"Luego de viajes o picos de trabajo intensos, trato de estar muy presente con tiempo especial para ellos."

¿A quién preferís contratar: a un empleado como vos o a uno distinto?

"Definitivamente el segundo. Es la mejor forma de aprender y de desarrollar ideas nuevas, mayor innovación. Hay que valorarlo y decirle: qué bueno que aportás esa mirada distinta al equipo."

¿Cómo motivás al equipo?

"Es fundamental generar un buen clima de trabajo, donde se pueda valorar la diversidad de pensamientos y experiencias. Esto tiene que estar en un espacio de aprendizaje y desafíos constantes.

"Me enfoco en que cada uno sepa lo que se espera de él, entienda el 'porqué' y 'para qué' de su tarea, y el impacto que tiene su aporte en la organización."

Conclusiones del entrevistador

Christian es dueño de un estilo muy valorado no solo por las importantes empresas que lo han contratado en su carrera, sino por los equipos que ha creado. Es un fiel ejemplo del líder que desean las nuevas generaciones y necesitan las empresas de hoy. Su carisma, calidez humana y voluntad de servicio constantes lo distinguen, tanto como sus ansias de crecer y desarrollar a los demás.

Conclusiones generales surgidas de las entrevistas individuales

De las entrevistas realizadas se comienzan a identificar algunas conclusiones:

- Todos entienden que el mundo está cambiando y se necesita un estilo distinto de liderazgo.

- Este estilo está relacionado, en gran parte, con formas de sentir, pensar y actuar asociadas con la mentalidad femenina.
- Este estilo tiene ciertas características en las que todos coinciden.
- Esta forma de liderar aún no tiene un nombre o estilo definido donde encajar.
- No se trata de una cuestión de géneros sino de estilos.
- Sus resultados son muy elevados, porque con estos líderes los equipos trabajan mejor.
- Es un estilo orientado a las personas, pero que no descuida ni un segundo los objetivos.

En el capítulo siguiente completaremos estas miradas con las producidas en las reuniones grupales realizadas.

CAPÍTULO 12

ENTREVISTAS GRUPALES A LÍDERES CON ESTILO FEMENINO

Durante casi tres años realizamos entrevistas grupales con líderes mujeres. Casi siempre en el ámbito de un desayuno o almuerzo en el que, de una manera distendida y amena, elaboramos todo un cuestionario referido a los temas de esta obra.

En todas las ocasiones, las líderes manifestaron una gran alegría por la idea de que se escribiera un libro que contara sobre sus historias de vida y su opinión sobre el liderazgo. Unánimemente nos alentaron a que lo editáramos porque confiaban en que esto iba a ayudar mucho a hombres y mujeres con este estilo a entender más sobre el tema.

Con respecto a nuestra teoría, en primer lugar, las entrevistadas coinciden en que está cambiando la concepción del liderazgo y, al mismo tiempo, resulta muy difícil definir "lo femenino".

En algún sentido, en el mundo entero los hombres se están volviendo más femeninos y las mujeres más masculinas. Los hombres cada vez son más sensibles, emocionales, dubitativos, mientras que las mujeres se muestran más seguras, decididas y fuertes. Este nuevo paradigma también hace dudar a unos y otros sobre el concepto de lo femenino, alejándolos todo el tiempo de la división facilista de hombres y mujeres. Parecería más sencillo hablar de géneros que de estilos.

A continuación, compartiremos con el lector una selección de las infinitas respuestas que dieron los líderes (en su mayoría mujeres) en los encuentros grupales, pudiendo encontrar las entrevistas completas en nuestra página web: www.pharus.com.ar

Preguntas formuladas

1. ¿Qué representa para ustedes liderar?

"Para mí liderar es **ayudar** y **enseñar** a los demás. Es la satisfacción de poder ver el crecimiento que tuvieron a partir de los que les di."

"Tomar algo y **organizarlo** para que la gente lo ponga en práctica y se encauce con un final feliz."

"**Guiar** por un camino, sobre todo contener y acompañar."

"**Dar herramientas** a los colaboradores, compartir las vivencias que uno tuvo, que ellos hagan las propias, actuar como guías."

"Es **sacar lo mejor de cada uno** de los colaboradores. Ser generador de talentos, que cada uno se sienta realizado. Ayudarlos a eso. Para que crezcan y que sean cada vez mejor en lo que hacen, que se sientan felices haciendo lo que hacen."

"Liderar es **acompañar**. Poder ayudarlos a crecer, guiarlos, y la satisfacción de ver las cosas que van logrando. A las mujeres les sale más naturalmente por su condición de ser madres."

"**Guiar** a un grupo de personas y tratar de sacar lo mejor de cada uno, identificar las debilidades de cada uno, y tratar de mejorarlo, desarrollarlo y fortalecerlo."

"Sumaría **motivar**, como clave del líder. Motivar al equipo en pos de llegar al objetivo."

"Todo eso y **acompañar desde lo personal**; además de

la parte técnica y el trabajo del día a día, acompañar en los temas personales. El líder tendría que hacerlo y, si lo consigue, tiene un diferencial."

"Por lo menos entender cuál es la **situación de cada uno**, potenciarlo, conocer su fortaleza. No podés ser ajeno a lo que le está sucediendo al otro. Si está pasando por un mal momento personal, no podés presionarlo, tenés que respetar sus espacios hasta que se recupere."

"Tenés gente que no tiene ni ganas de estar ahí y no le queda otra. Hay que conseguir **generarles ese espacio** como para que sientan que son parte, me parece que es lo más desafiante. Es fácil liderar cuando vamos todos por un mismo camino, todos queremos llegar a una meta con la que estamos de acuerdo. Para mí el desafío de liderar se presenta cuando no se te dan esas condiciones, cuando tenés intereses encontrados, cuando tenés gente con ideas distintas, es lograr armar ese equipo que igual llegue a ese resultado y generar esos espacios que permitan esa **libertad** que haga que no sientan forzado el liderazgo. Generarle a todos esa posibilidad, ese espacio de sumar como parte del proyecto."

"Para mí, básicamente, es ser un **ejemplo**; buenos líderes fueron los que me motivaron por todo y me marcaron con el ejemplo. A mí me gusta ser un ejemplo."

"El liderazgo más reconfortante es aquel en el que la gente con la que trabajaste vuelve a pedirte ayuda, a querer trabajar con uno, a buscarte."

"El otro punto de la función de los líderes es también lograr **sacar lo mejor de las personas**."

"Es de un buen líder también **soltar y dejar ir**. Hay líderes que agarran y no sueltan. Un buen líder te ayuda a buscar tu crecimiento de carrera, lo que te gusta, descubrir en qué sos fuerte."

"Una buena forma de saber si sos buen líder o no es cuando ves crecer a tu equipo. Si arrancás con un equipo disfuncional y a lo largo del tiempo ves que **existe sinergia** entre ellos, que dan más que lo que estaban dando, entregan lo mejor de ellos; eso es ser buen líder."

"**Ser referente** de tu equipo y para otras áreas. No es fácil pero se mide siempre *a posteriori*, es algo del día a día, se valora mucho con los años, no es que uno se plantee: voy a ser un líder, voy a ser un referente. En mi caso fue surgiendo."

"Ser referente en muchas cosas, no solo **laborales sino también personales**; para mí la parte humana también es importante. Saber cómo la pasa la persona en su vida y generar un buen clima de trabajo."

"Es una combinación de lo personal y lo profesional. Es una **responsabilidad**; cuando vos abordás con un equipo la realización de una tarea, de alguna manera la gente que trabaja con vos tiende a admirar lo que estás haciendo o sentir que si vos tenés ese puesto es porque realmente lo merecés, te lo ganaste o estás bien capacitada para eso o hacés bien tu trabajo."

"Lo fundamental es **no guardarse nada y dedicarse al equipo, enseñar** lo que uno puede saber, eso la gente lo valora mucho, si vos les explicás, los ayudás, los incentivás."

Para casi todos los entrevistados, liderar representa muchísimo. Ser referente del equipo en lo profesional y lo personal, tener una gran responsabilidad; implica dar al equipo lo que este necesite (lugar, espacio, respuestas, recursos, conocimiento, apoyo, información), enseñar, acompañar, dar el ejemplo, guiar al equipo, integrar, motivar y dar el espacio para que la gente se muestre, poder sacar lo que las personas tienen para dar. También implica tomar decisiones que no son tan agradables, aprender a controlar determinadas emociones, tener tolerancia a la frustración, alinear expectativas entre la compañía, el líder y los seguidores.

2. ¿Qué sienten a la hora de liderar?

Un grupo de entrevistadas coincide en que se trata de una mezcla de todas las emociones mencionadas, del momento, la situación. Como la vida misma, se pasa por todas. Otros grupos hablan de placer, ansiedad, confianza, inseguridad, orgullo, adrenalina, amor, poder y responsabilidad. Y piden incluir culpa y pasión.

En otro grupo se genera un debate entre amor y placer, y una de ellas concluye: "Yo amo lo que hago, no tengo ganas de cambiar de área, no quiero cambiar de carrera. Cuando me ofrecen pasar de área yo digo que no porque amo lo que hago".

3. ¿Qué sienten que han logrado como líderes? ¿De qué se sienten orgullosas/os?

"Como líder, hoy puedo decir que armé un equipo grande con personas de entre 15 y 20 años en la compañía, mientras que yo tenía apenas 26 años de edad, y que con el paso del tiempo esas mismas personas vinieran a consultarme o a reconocer mi trabajo me dio placer."

"Haber podido guiarlos al lugar que yo creía que tenían que ir como equipo, que lo hayan valorado y reconocido."

"Yo siento que lo hice con trabajo. Cuando mi equipo vio que yo trabajaba a la par de ellos y cuando les transmití cuál era el fin común que teníamos, se sumaron. Pero es trabajo, nada más que eso, no es una ciencia."

"Lo que yo logré es formar equipos, es lo que siento que es mi fortaleza; empezar a trabajar con personas que trabajaban bien solas e individualmente y de ahí formar un equipo que empezó a trabajar y a colaborar y a generar resultados juntos; para mí eso es lo que me gusta hacer y me sale natural."

4. ¿Ustedes se sienten líderes?

"En el hospital donde trabajo ingresé como jefa de un equipo, lo fui formando a medida que se fue creando el puesto. Hay algo innato, no todos son capaces de ser líderes, conlleva mucha responsabilidad; la gente considera que ser jefe solamente es ganar más, y no es solamente eso, requiere tomar decisiones que no son tan agradables y que no todo el mundo está ni conforme ni cómodo al tomarlas y uno las tiene que tomar igual. Sí, me siento líder."

"También hay que pensar que uno es líder en su casa, porque cada una de nosotras somos líderes en nuestras casas."

"Yo vengo de una rama distinta y todo lo que es organizacional y de compañía lo he aprendido aquí, y muchas cosas me han servido más en lo personal que en lo profesional, con mis hijos, por ejemplo."

"Uno se enriquece bastante siendo líder porque también aprendés a controlar determinados sentimientos, porque si bien ser líder es muy bueno para ciertas cosas, por momentos también la pasás mal cuando tenés que tomar decisiones que no son tan agradables. Además hay que tener tolerancia a la frustración, porque a veces hay que bajar línea de algo con lo que no estás de acuerdo y tenés que hacerlo igual."

"Dependiendo del equipo en el que te nombren, te pueden percibir como: 'Otra vez me meten una jefa que no sabe nada'. Entonces todo el día estoy demostrando que me interesan, no solamente si sé o no sé algo; si lo voy a consultar voy con ellos, si un director me pregunta sobre algo que alguna persona de mi equipo se tomó el trabajo de hacer, lo llamo y le doy lugar a que lo explique."

"Demostrar que uno tiene un buen equipo es demostrar que hizo las cosas bien, y demostrarle a la compañía que uno es un buen líder."

5. ¿Qué sienten a la hora de liderar?

En la mayoría de los grupos salieron las siguientes palabras: placer, ansiedad, confianza, inseguridad, orgullo, adrenalina, amor, poder, responsabilidad, pasión, compromiso, impotencia, visión.

Todos se identificaron con alguna de esas emociones en diferente medida, siendo *responsabilidad* la que mayor identificación ha logrado, en concordancia con lo extraído de las entrevistas individuales.

6. ¿Qué significa para ustedes *femenino*?

Si bien en el Diccionario de la Real Academia Española se describe como: "Que tiene alguna cualidad que se considera propia o característica de la mujer", los líderes contestaron:

"Algo estético, delicado, la mujer ya es femenina, más **sensible**, tiene más **emociones**, más **comprensión**, el 'toque' femenino, **detallista, histérico, obsesivo**."

"La **maternidad**, no como concepción sino como **rol**, como función, como rol materno en lo que fuera; concebir puede concebir cualquiera, con cualquier método, pero el rol que tiene la madre como tal, no. Eso me parece que es casi exclusivo."

"Pero cuando lo llevás al plano empresarial no funciona tan así. Siempre trabajé con mujeres líderes y la verdad es que de femenino tenían muy poco. Entonces siempre se les adjudica: 'si es mujer, es un liderazgo femenino' y la verdad es que hasta hace unos años, las que veías, de femenino no tenían nada. **No necesariamente un liderazgo femenino es representado por una mujer**."

"El *multitarea*; el otro día hablaba con un hombre y me decía: 'Estoy chateando con alguien y parecía una mujer, hablaba de dos temas al mismo tiempo, y para mí es normal, yo en un chat puedo hablar de tres temas interrelacionados al mismo tiempo y los puedo seguir perfectamente. Eso para mí es más femenino que masculino, y en un ámbito profesional es positivo. Me parece que hay características femeninas que a nivel laboral son más positivas."

"Las características más femeninas tienen que ver con actitudes más *soft*, más comprensivas, ponerse en el lugar del otro, más delicadas, más empáticas, más afables, relacionamos muchas cosas a la vez, manejamos lo profesional y lo personal al mismo tiempo, entonces entendemos que el otro también puede tener temas personales porque hay una vida además de la oficina. Ayudamos a que eso pase."

7. ¿Qué significa *liderazgo femenino* para ustedes?

"Liderazgo femenino es tener una visión global; es decir, más conocimiento de lo que sucede, un pensamiento más complejo y abarcativo. Es tener un propósito hacia donde ir. Es mantener un perfil bajo, a veces liderar sin siquiera tener el cargo. Es una respuesta humana que puede abarcar muchos frentes a la vez. Es entender más al otro y llegar a la generación de alianzas. Es tener una actitud de superación, crecimiento y aprendizaje."

"El liderazgo femenino puede escuchar, comprender, entender sin disociar lo laboral de lo social y de lo cotidiano. Disociarlo no está bien porque un trabajador que viene a trabajar con un problema no es igual todos los días y eso hay que saber percibirlo. La mujer es más sensible con respecto a eso y tiene más capacidad de percepción, se da más cuenta y acompaña."

"Las mujeres somos más perceptivas, nos damos cuenta, acompañamos más. Yo miro las caras de las chicas cuando entran a trabajar, para mí es fundamental, porque si ellas están bien las cosas salen bien."

"El hombre es distinto; puede llegar a preguntarte:

'¿Cómo estás, te pasa algo?'. Pero eso no va a cambiar nada con respecto al trabajo. Ahí terminó, andá y hacé."

"Para los hombres fue todo un desafío empezar a ver que las mujeres ocuparan otros lugares. Ahora tienen otros roles porque les subimos la vara. Antes lo que hacían estaba bien. Y de repente venimos nosotras con esto de la intuición, la percepción, la carita de '¿te pasó algo?', y ellos tienen que empezar a cumplir ese rol que está más ausente en los hombres."

"Si hoy leés un diario, ves que en RR.HH. las notas están todas enfocadas a las emociones. Justo en el momento en que la mujer empieza a tomar más importancia."

"La mujer tiene que demostrar, es una barrera, está más expuesta. Cuando lo hacés, te incluyen y te creen, y te convertís en un par."

"Las mujeres seguimos manejando la batuta. Si yo me voy de viaje tengo que dejar un *schedule* con todo; cuando él se va no le preocupa nada, no dice nada y encima tengo que hacerle la valija y recordarle que lleve la credencial de la prepaga."

"Un estilo con características o atributos más femeninos. Podría ser un estilo más empático, pero no lo estereotiparía."

"Para mí tiene que ver más con la persona y no con el género, y me parece que las compañías han evolucionado. Entonces, hoy es más normal para hombres y mujeres tener este estilo de liderazgo de entender al otro y demás, no necesariamente tiene que ser mujer para que pase eso."

"Existe un estilo pero no está 100% definido. No porque seas mujer ejercés un liderazgo femenino, también está tu personalidad; no está atado al género, no necesariamente; hay hombres que tienen cosas de liderazgo típicamente femenino."

"No sé si les pasa, pero en nuestra empresa estamos bastante avanzados en ese sentido, entonces ya nos contaminamos con eso que vivimos día a día, hay cosas que para nosotros son normales, y a veces igual no nos alcanzan, y cuando salís un poquito afuera y empezás a escuchar, valorás todo lo que tenemos; escuchás de todo en compañías chiquitas y en multinacionales, parece como que hablaran de la prehistoria, años luz."

Un grupo cuestiona el concepto de femenino y enseguida empiezan a enumerar las diferencias entre hombres y mujeres, pero se detienen cuando ahondan en el concepto y empiezan a identificar que sí existe un estilo de liderazgo femenino, y ese tendría una visión distinta, más amplia quizás, una forma diferente de resolver las cosas.

Se podría asociar con la sensibilidad y la contención, características propias de la mujer, pero que también pueden encontrarse en un hombre.

"Para mí es integrador, creo que hay hombres que pueden tener ciertas características de liderazgo femenino, como hay muchas mujeres que tienen características masculinas. Para mí es algo que tiene que ver con la sensibilidad, a veces con la contención que uno les da a determinadas situaciones, es más característico de la mujer pero también puede ser de un hombre."

"Notamos ciertos cambios en algunos hombres al intentar ser como nosotras. Están más femeninos. Yo noto en mi sector que a veces uno que nunca en la vida se paró a preguntarte '¿Cómo estás?', ahora lo hace; eso para mí es un toque femenino."

8. ¿Cuáles son las características principales de esta forma de liderar femeninamente?

En general, los grupos destacaron como características:

"Instintivamente es más **maternal**, más **humano**, **trabaja en equipo**, **escucha** y **propone,** mientras que el liderazgo masculino baja línea y así es. El liderazgo femenino no usa la autoridad sino que **escucha** todas las opiniones y saca una **conclusión en grupo.**"

También rescataron la **empatía** (ponerse en el lugar del otro), la **intuición** (como la posibilidad de ver más causas y consecuencias) y la **percepción** para detectar situaciones complejas, **seducción**, **detalle**, **escucha** para contener y comprender, **paciencia**, **pacífico** (no violencia ni discusión), llegar a **acuerdos**, **sutileza** o delicadeza para plantear situaciones, **pasión** por lo que se hace, **interés por el otro**.

Por último: hablaron de la **emocionalidad** (o capacidad de manejar las emociones en las relaciones interpersonales), el **diálogo frontal** en aquellos temas que nadie quiere abordar, la **contención** del otro, la **sensibilidad**, el grado de preocupación y consideración por el otro. "Se trata de un liderazgo más humanitario", concluyeron.

"Para mí una característica del liderazgo femenino es ser más frontal, la mujer habla más de aquellas cosas que los demás quieren dejar pasar. Me parece que la mujer, en ese sentido, se expone un poco más. Por eso, en el colectivo consciente de las organizaciones es menos políticamente correcta porque por lo general habla y dice más las cosas, más allá de que a veces las emocionalidades..."

9. ¿Por qué ha crecido este estilo de liderazgo con características femeninas?

"Por una necesidad de la mujer y porque demostramos que podemos."

"Porque somos más mujeres que hombres. Porque tenemos más carácter, nos imponemos. La mujer quiso tomar protagonismo, y lo está haciendo."

"Porque la mujer demostró que puede tener esa capacidad, pero que además no la doblegan."

Está claro que en general no hay una conciencia real sobre las razones que están haciendo que este estilo se propague por el mundo. Todos hablan de una "necesidad", de que "el mundo lo quiere", de que se necesita "otro estilo", de que "las nuevas generaciones lo requieren", pero no hay conocimientos reales sobre las causas que lo originan.

10. ¿Qué busca un empleado hoy que antes no buscaba en su empresa?

"En otras empresas existen guarderías, es como que las empresas van tendiendo a que no sea caótica la separación entre tu vida personal y el trabajo."

"Tiene que ver con el líder, para mí hoy no está bien visto que trabajes muchas horas, en otra época sí; ahora es mejor visto que tengas un buen equilibrio entre tu vida personal y profesional."

"No solo que las personas cambiaron lo que buscan, por ahí antes también querían eso, pero no estaba aceptado. Por ejemplo, eso de equilibrio entre la vida personal y la profesional, hace 20 años se trabajaba hasta la hora en que se trabajaba, y tenía que ser de esa forma. Hoy está mucho más permitido irse a horario, entonces hacés uso de eso."

"Hago un paralelo con los matrimonios, nuestros abuelos se casaban para quedarse juntos toda su vida, pasara lo que pasara se quedaban toda la vida, y así era con las empresas, uno ingresaba a una empresa y se quedaba hasta jubilarse. Creo que hoy en día, si el matrimonio no está bien, te divorciás y cada uno sigue, y así es con las empresas. Esta empresa no me sirve, me voy porque ya no están dadas las condiciones que busco en un trabajo para que me haga feliz. Es lo que las personas buscan hoy: bienestar."

"Hoy la felicidad de uno está en la familia, en el trabajo, en todo, pero es más inmediato. Hoy ya no proyectamos tanto, es más inmediato."

"Esto de que uno pueda manejar sus horarios y sus tiempos es un cambio cultural en el que seguimos trabajando con el foco puesto en trabajar por objetivos; esto requiere compromiso de los dos lados, de la compañía y de las personas. Cumplir un horario deja de tener sentido."

"Crecer a nivel personal y humano. Crecer, aprender, pero sin perder esos valores como grupo o como gente. Esto se fue incorporando a través de los años. Antes, en las empresas éramos todos números y hoy somos personas que tenemos nombres y los líderes saben qué nos pasa."

"Los empleados no solo se fijan en el factor remunerativo, sino que se fijan en la parte humana, los beneficios que ofrece la empresa, y estudian tener flexibilidad horaria, más que nada los jóvenes buscan poder trabajar medio día, eso lo valoran un montón."

"Para los que trabajan conmigo, que podrían ser mis hijos, la vida no es el trabajo, aunque para mí el trabajo significaba eso; para ellos, el trabajo es un medio, son dos cosas distintas. Me saco el sombrero porque yo no tengo la libertad mental para hacerlo, si me tomo 10 minutos más de almuerzo me siento culpable, y en el caso de ellos, no. La vida para ellos pasa por otro lado."

"Buscan un equilibrio en cuanto a carga horaria, que se les deje hacer lo que les gusta, que es jugar al fútbol, estudiar. Me proponen hasta las cosas más locas, y trato de equilibrar entre lo lógico y lo bizarro, y hay que transmitir lo que está bien y lo que es una locura."

"Son más extrovertidos. Dicen más lo que necesitan, te plantean: 'quiero un aumento de sueldo' como si vinieran a decirte 'buen día'. Son más atrevidos."

"Son muy frescos, pero hay que pensar cada vez que les molesta algo si no es algo que a vos también te hubiera gustado no hacer. Entonces están pudiendo hacer lo que nosotros no pudimos."

11. ¿En qué se diferencia el liderazgo femenino del masculino?

"El liderazgo femenino, que puede ser llevado adelante tanto por hombres como mujeres, es más emocional, genera vínculos y calidez en el acercamiento al otro, empatía, apertura, mayor comunicación, protección, contención, ayuda e integración. Es un liderazgo más perceptivo, de escucha, que genera acuerdos, dispuesto al cuidado del otro y por sobre todo con un trato maternal."

"Es más flexible porque se adapta más fácilmente a las distintas situaciones y tipos de personas. Dotado de un gran compromiso, quienes lo llevan a cabo suelen tener puesta la camiseta de la empresa y se sacrifican por ella. Es un estilo *multitasking*, hace varias cosas a la vez con una buena visión, es global."

"Mayor profundidad, más sensibilidad, empatía: ponerse en el lugar del otro y aprovechar lo que necesitás de esa persona como integrante de un equipo."

"Hay una diferencia porque uno va un poquito más allá, se va a detener en qué le pasa al otro, quiere saber cómo las personas están, mientras que el otro estilo (masculino) no va a tenerlo en cuenta. Uno es más simple, más llano, y el otro se detiene a ver qué te pasa, por qué estás mal, cómo te puede ayudar."

"El liderazgo femenino es más intuitivo e instintivo. Nacés con cierto liderazgo. Si bien se diferencia del masculino, no es ni mejor ni peor. Incluso involucrarte demasiado puede afectarte en cierta manera."

"La mujer ha cambiado la visión del liderazgo de cuando yo entré a trabajar hace 40 años. El hombre tuvo que adaptarse a este nuevo concepto. No le quedó otra. Porque el liderazgo femenino demostró que sus resultados son mejores."

"Y les pesa eso, no les gusta, cuando te acercás piensan: 'Uhhh ahí viene de nuevo, seguro que otra vez tiene el hijo enfermo'. En cambio nosotras, cuando viene un colaborador y te dice: 'Tengo a mamá enferma', vos ya te ponés en su lugar y empezás: '¿Le tomaste la fiebre? ¿La llevaste al médico?', y le tiraste 25 consejos en vez de estar a las puteadas porque no viene a trabajar, o porque no vas a cumplir con la tarea porque ese día no va a venir. Ese *switch* no lo hicieron todavía los líderes masculinos, o lo hacen, pero no les es propio."

"No es importante decir si es mejor o peor un estilo o el otro, sino decir las características diferentes que tienen. Para mí tiene que ver con eso y con ocuparse de cuestiones que otros no se ocupan; por la naturaleza de ser mujer, yo me acuerdo más cuando el hijo de un director tuvo un problema médico que de los números del área que maneja; es así, mis características son así. Eso es la sensibilidad."

En cambio, en el liderazgo masculino, la escucha tiene un interés personal no con la intención de entender y comprender al otro. Es un estilo más lineal, donde se hace una cosa a la vez. Es práctico, rápido y resolutivo. Es más rígido y les cuesta cambiar, "son máquinas". Es más duro, no seduce. Con gran foco en el poder. La visión es parcial, lineal, unidireccional.

Muchas concuerdan en que la mujer tiene facilidad para el estilo femenino porque tiene un lado maternal. También hacen mucho hincapié en que no tienen tanto ego como el hombre, lo que les posibilita mirar un poco más al otro.

12. ¿Creen ustedes que en las empresas prefieren el liderazgo femenino? De ser así, ¿por qué será?

Pareciera que las razones son varias y muy positivas. La preferencia estaría dada en primera medida porque se apunta a un cambio.

El liderazgo femenino genera la posibilidad de salir de malas experiencias con estilos de liderazgos anteriores y trae una promesa de ayudar a crecer. No "ponen el pie encima" y logran un mejor trato.

El estilo femenino de liderazgo propone un escenario donde no hay choques de egos, ni competencias. Vendría a remediar la crisis de valores en la que estamos.

Otra razón estaría dada por la mayor presencia y contención de la mujer, cosa que puede ser llevada a cabo por un hombre con un costado femenino importante.

13. ¿Con qué barreras se encontraron en el camino?

Los que ejercen este estilo dicen haber tenido que atravesar diferentes obstáculos. El primero son los propios prejuicios, que a veces les impiden hasta enfrentar a los jefes. El miedo y la baja autoestima son los principales enemigos.

Otra barrera es que generalmente este estilo se encuentra con otro estilo, el masculino, que pretende tener razón a toda costa y en todo momento, en lugar de preocuparse por hacer las cosas bien.

Y por último plantean el manejo de las emociones. Para muchas líderes con estilo femenino, la emoción y la pasión son sus peores enemigos.

En el caso de las mujeres particularmente, además agregan la necesidad de validar a cada rato su capacidad, cuando son subestimadas por una cuestión de género, como si el mercado no estuviera preparado para recibirlas: "Las plantas industriales no están preparadas para mujeres (ropa, vestuarios; mujer dentro de un uniforme de hombre; no hay zapatos o chaquetas para mujer y en talles chicos); se hacen reuniones fuera de horario, a las que ellas no pueden asistir por sus obligaciones domésticas o familiares, las responsabilidades y demandas de la familia (marido controlador, hijos)".

Los hombres con estilo femenino consultados generalmente hablan de las propias incapacidades para demostrar sus emociones, para ponerse en el lugar del otro o mostrar una forma distinta de poner límites.

14. En situaciones en que deben ejercer un estilo directivo, de comandancia, ¿cómo ponen los límites?

Mientras unos dicen que al momento de poner límites utilizan un estilo más duro, colocan el punto final sin tanta explicación, cortan lo emocional, hablan de frente y claramente. Otros dicen que entre mujeres el problema es eterno e involucran a todos los que están alrededor.

Creen que mientras dos líderes con estilo masculino van a pelear por demostrar sus fuerzas, dos líderes con estilo femenino probablemente prefieran consensuar, ceder, evadir la situación, antes que enfrentarse.

15. Si están trabajando con un equipo que no quiere colaborar, ¿qué hacen? ¿Les ha tocado? ¿Cómo lo manejaron?

"Sí, tuve personas dentro de mi equipo que no daban resultados y terminé desvinculándolas. Previamente se hizo un proceso largo y planificado con RR.HH. para que mejoraran pero no resultó. Ellos mismos se querían ir, no querían estar más en el equipo, pero se dilató mucho el malestar y no fue bueno."

"A mí me pasó con parte del equipo. Cuando agarré este equipo, la mitad de ellos ya venían 'quemados', contaminan al resto del equipo; era gente que para mí no iba. RR.HH. hace su trabajo, trabajás con ellos en conjunto, intentás, hacés un trabajo fino, pero si es gente que no va, no va, porque te contamina al resto. Al ser gente tan joven se hace una telenovela, entonces intervine, se fue desvinculándolos y por suerte una persona salió antes de despedirlo. Cuando se hizo el recambio del equipo, porque hubo que contratar gente nueva, se dio un mensaje preciso de cómo era mi gestión, para dejar claro que el que no quería trabajar o no era colaborativo, el que venía de mal humor, estaba en el lugar equivocado. Yo estaba en la empresa todos los días porque me divertía y quería buen trato. Entonces, en el nuevo equipo se les avisó a todos, se los reunió y al que no respondía se le fueron dando 'toques'."

"He estado en todas las situaciones. Salí por licencia de maternidad y cuando volví era un equipo nuevo, no era el perfil que yo necesitaba para trabajar, así que fue sentarnos, ver si estábamos alineados, ver sus expectativas y las mías. Es muy importante tener en claro todo desde el principio. A una la acompañé porque estaba un poco perdida. Es un trabajo para el líder, marcarle, dejar que se equivoque, prueba y error; hoy no está en mi equipo por otros motivos. La veo y creció un montón y eso me da orgullo. Revertir una situación es un trabajo del líder."

"Yo entré a un equipo de personas muy variado, había que crear el sector, lo que hice fue formar el equipo desde cero, enseñarles qué tenían que hacer, no había un sistema. Yo venía de 12 años de experiencia en Carrefour, no eran un equipo, no tenían lineamientos, había que hacer todo desde el inicio. La mitad del equipo estaba en un piso y físicamente separados, me fui sentando con cada uno para tratar de mostrarle que cada cosa que hacía uno repercutía en el trabajo del otro. Estoy muy orgullosa del trabajo que hice. Lo que logré fue ponerlos a todos físicamente juntos, y de las personas que tuve nuevas, pude ascender a dos de mi equipo. Yo hice mucho esfuerzo, tuve que conciliar, hacer lo básico y operativo y tareas de líder. Reconozco mucho esfuerzo del líder; no hay forma de que se integre y colabore si uno no le enseña, si no sabe qué es lo que se espera de él. Obviamente tienen que sentirse parte del equipo y tienen que saber que cuentan con el líder para lo que necesiten. Requiere tiempo y dedicación, tenés que acompañarlos y guiarlos."

16. Si en el momento del ejercicio del liderazgo algo no sale como lo esperaban, ¿cómo lo manejan?

"Se realiza el aprendizaje correspondiente. Se ve cómo transformar esa situación negativa en positiva. Una experiencia para el equipo."

"Evaluar qué hice mal para, a partir de ahí, retomar y hacerlo mejor."

"Reviso qué es lo que pasó porque no quiero volver a esa situación. Tengo que ver cómo lo manejo, cómo lo comunico, depende de las distintas situaciones."

"Recalcular para seguir adelante, no voy para atrás, recalculo para seguir caminando."

"Parar no podés parar, tenés un equipo grande y debés seguir dando la cara. Yo tengo que responder por 20 personas. A mí me ha pasado mandarme grandes errores y decir: 'Perdón fue un error, no te puedo dar explicaciones, lo que sí te puedo decir es que ahora implementamos esto para tratar de solucionarlo'. Tengo 20 personas y no puedo controlar al 100% su trabajo y puede seguir habiendo errores, y te pasa todos los días. Tenés que dar la cara cuando lo hacen bien y cuando lo hacen mal, pero sin hundirlos."

"Puertas afuera decimos que nos equivocamos, no va a volver a suceder, lo vamos a resolver. Puertas adentro hay toda una charla profunda de dónde tenías la cabeza, de cómo, cuándo y por qué sucedió."

"Cuando pasa eso, lo más importante es saber que el equipo descansa en uno, y si pasa algo, tratar de tomarlo con calma y decir: 'Bueno, pasó esto'. Hoy estoy acá y estoy pensando en 30 cosas que tengo que hacer dentro de 30 minutos. En el día a día no tenemos tiempo para parar y ver qué pasó."

"La mía no es una empresa donde se pueda planificar mucho a largo plazo. Es una empresa rápida. Las empresas tienen que ver con lo que venden. Yo trabajé en una bodega y todo era lento, y cada cosa a su paso porque el proceso de la uva tiene su tiempo. Trabajé en una empresa de venta directa donde todo era ya porque si no era ya, listo, te lo perdiste. Acá es lo mismo, la venta es hoy, si no vendiste hoy te lo perdiste; la empresa tiene que tener dinamismo, si fuera más lento no sería exitosa como es hoy."

17. ¿Cómo manejan la autoridad en el hogar? ¿Replican el estilo del trabajo?

"Yo nada que ver, soy otra persona; fuera de casa gerente y dentro de casa empleado, pollito, cumplo órdenes de mi hijos (risas)."

"Yo no tengo hijos pero soy bastante igual en todos los planos, siento que funciono igual en todos los ámbitos."

"En la planta muchas veces me dicen: 'Bueno, basta, te parecés a mi mujer, voy a terminar diciéndote a todo que sí como a ella'."

"Yo no lidero en casa."

"Para mí es muy difícil separar lo que es uno en el trabajo y cómo es en casa. Yo soy de la misma manera, nada más que acá, en lo que respecta a mi sector, yo tomo las decisiones y le informo a mi jefe, y en casa hay que tomarlas de forma consensuada con quien está a la par."

"Imposible disociar; liderar es llevar adelante a los demás, esa impronta la tengo en todos lados, en todo, para decidir, para estar con mi pareja, con mi familia, en todo."

"Yo trato de no hacerlo, estoy muchas horas afuera y mi pareja tiene un trabajo completamente distinto, tiene horarios más holgados y trato de respetar ciertas pautas en la convivencia. Tengo una personalidad fuerte y trato de no llevar nada del laburo a mi casa. Yo me relajo completamente."

"Yo trato de controlar todas las situaciones, en mi casa, con mis viejos; sigo lo mismo en el trabajo y en lo personal.

Pero cedo mucho más en lo personal porque la relación es distinta con tu pareja que con tu equipo."

"Nada que ver las 'bajadas de línea' de un trabajo, donde hay un jefe y un equipo, que en tu casa, donde tenés que ponerte de acuerdo en todo. Donde no hay nadie de arriba que venga a decirnos qué hacer, cada uno tiene su rol, pero las decisiones se toman de a dos."

"En casa, trato de dirigir, les organizo todo a los tres, y se quedan mirándome como no entendiendo nada. Y yo les hago la charlita aunque sé que a los dos minutos no me escucharon más nada. El acelere de la oficina sí me lo llevo a casa. No porque me lleve trabajo a casa porque no me llevo, pero sí la gestión. Trato de controlarme, pero no me sale."

"Yo en casa soy muy distinta, ni la perra me respeta, le digo 'vení' y está en la otra cuadra. Pero está bien porque en mi casa no me pagan, entonces hago lo que quiero y soy como quiero, acá te pagan y tenés una responsabilidad. Y acá tengo objetivos profesionales, pero en casa tengo otros objetivos personales que me los pongo yo porque me gustan y los hago con placer, pero los de acá a veces no los hago con placer."

18. ¿Cómo manejan la relación trabajo-salud-familia?

Algunos cuantos entrevistados dicen postergarse:

"Dejo de lado 'mis' cosas para lo último, soy 75% trabajo, 20% hijos y 5% yo". Otros suelen resignarse: "Acepto que no voy a poder hacer todo lo que me gustaría". Otros reconocen: "Vivo el aquí y ahora, si no, vivo en frustración permanente". O piden ayuda: "Necesito un apoyo del entorno, le pido a mi marido". Y por último están los que relegan todo lo que no sea trabajo. Cuando son independientes este cuadro empeora. Se obsesionan. No pueden cortar.

Sin duda, este es un estilo de liderazgo que consume mucho tiempo y energía por parte de los líderes, hace que descuiden su salud o sus momentos de ocio y disfrute. Es probable que esto esté íntimamente relacionado con la magnitud de responsabilidad que sienten por su equipo y las metas que se hayan propuesto.

19. ¿Qué es lo que mejor han hecho como líderes?

Todas las respuestas que obtuvimos de los distintos grupos están ligadas al dar, generar, hacer para el equipo: "Desarrollar gente". "Identificar el talento de alguien." "Formar y acompañar." "Darle *feedback* de desempeño al equipo para demostrarle cuáles son sus fortalezas y sus debilidades." "Saber aprender del de abajo." "Que se sientan equipo."

Para cerrar, una frase que escuchamos repetidas veces: "En general, en mis trabajos siempre se ha dicho: 'Hay equipo'".

20. ¿Algún líder que tengan como referente?

En líneas generales no tienen un referente identificado a quien seguir. Con mayor frecuencia manifiestan que han tenido muchos líderes de los cuales han tomado cosas buenas, ejemplos, enseñanzas.

También cuentan que han tenido anti-líderes, de quienes se quedaron con cosas positivas y cosas negativas. Una líder dice: "Hay personas que conozco que fueron importantísimas para mi desarrollo, anti-jefes. Se lo reconozco y agradezco pero nunca voy a ser como ellos".

Creen que aprenden constantemente, ya que las personas no son todas iguales, los equipos no son todos iguales y por lo general han hecho distintas cosas dentro de la misma empresa, han estado en distintas áreas, aprendiendo el perfil y la cultura de cada una, lo que demuestra su adaptabilidad y apertura al cambio.

Otros han tomado ejemplos de la vida familiar (abuelos, padres, tíos, inclusive dicen aprender mucho de sus propios hijos).

Esto parecería radicalmente distinto del estilo masculino, en el que por lo general cada líder tiene uno o dos ejemplos bien identificados a quienes imitar y suelen enorgullecerse de ello.

Por lo general, y es una característica intrínseca de este estilo o forma de conducir, cada grupo fue armando la respuesta en equipo, donde cada uno de los presentes manifestó su opinión y el resto fue agregando, completando. Las partes armaron el todo en absoluta armonía y con mucho respeto. No solo respondieron las preguntas que les hacíamos sino que formulaban nuevas todo el tiempo; querían saber más, profundizar.

CAPÍTULO 13

PRESENTACIÓN DEL NUEVO MODELO DE LIDERAZGO FEMENINO

Después de haber mantenido charlas en profundidad con los líderes seleccionados, surgieron algunas características que solían repetirse como denominador común. Si bien cada entrevistado tenía su estilo, personalidad, formación, *background* y aspiraciones, existieron algunos aspectos que parecieran comunes a casi todos ellos.

Para llegar a una definición certera e integradora de este nuevo estilo de liderazgo empresarial, vamos a formular las conclusiones que recogimos con mi equipo de trabajo de las entrevistas individuales y grupales, de la gran cantidad de artículos y libros que investigamos y de nuestra propia experiencia en Pharus, entrenando a miles de líderes cada año en países de Latinoamérica.

Según lo investigado, podríamos definir liderar femeninamente como:

- Dar alas al otro.
- Gestar una idea.
- Cumplir una misión.
- Estar atento a los demás.
- Dejar una huella.
- Inspirar al equipo a superarse.
- Motivar a las personas a crecer.
- Adaptarse permanentemente.
- Delegar y dar autonomía.

- Inculcar los valores con el ejemplo.
- Poner el corazón en cada tarea.
- Sacrificarse por los demás.
- Mantenerse aprendiendo todo el tiempo.

Son muy pocos los que tuvieron referentes de los cuales aprender este estilo, fueron desarrollándose ellos mismos.

También encontramos que femenino, aplicado al liderazgo, significa un conjunto de características que, como dijimos en repetidas oportunidades, nada tienen que ver con el género, sino con sus actitudes y aptitudes a la hora de liderar.

Las más notorias son:

Búsqueda de consenso
Paciencia y tolerancia
Visión global y de futuro
Saber escuchar y transmitir
Propósito de equipo
Empoderar a los demás
Ponerse en el lugar del otro
Valoración de los seguidores
Capacidad multitarea
Responsabilidad social
Confianza y optimismo
Inclusión e integración
Amor por uno mismo y por los demás
Valores: honestidad, humildad, integridad, solidaridad, equidad, credibilidad, responsabilidad, respeto

Pero este estilo de liderazgo también tiene ciertas *falencias* que deben ser mejoradas con el tiempo. Vimos, en muchos casos, que se trata de líderes a los que les cuesta:

- Poner límites claros.
- Adaptarse sin terminar por masculinizarse.
- Valorarse, creer en ellos mismos.
- Manejar las emociones propias.
- Llegar a altos niveles de productividad y eficiencia.
- Tomar decisiones rápidas.
- Cortar a horario sus trabajos.

Por lo que se trata, a las claras, de un estilo que recién se está dando a conocer y necesita que su práctica y comunicación permita a estos líderes ir perfeccionándolo.

CONCLUSIONES

Tanto nuestra investigación de más de tres años sobre el tema como las entrevistas individuales y grupales que realizamos confirman y apoyan nuestra teoría sobre este nuevo estilo de liderazgo que está surgiendo en el mundo entero. Pero el lector debe comprender que se trata solamente de un ensayo con un número acotado de casos. Esperamos que este trabajo sea la punta de lanza para que muchos investigadores más de distintos lugares lo profundicen, con el objetivo de echar luz sobre este nuevo estilo que bien podría cambiar el mundo tal como lo conocemos.

Hay que entender que después de cientos de años de contemplar los resultados, en algunas épocas muy exitosos, de estilos de conducción, organizaciones y sociedades muy "masculinas", quizás sea el momento de que en el mundo se genere un estilo diferente, que se adapte más a las necesidades y deseos de quienes quieren ser liderados de una forma más moderna.

El concepto del trabajo cambió porque cambiaron las ideas, los gustos, los objetivos de quienes van a trabajar. Y esto, lejos de revertirse, se va a ir profundizando cada vez más, hasta llegar a tener organizaciones automatizadas y digitales, en las que los empleados se conecten y trabajen en cualquier horario, desde cualquier parte del globo.

Creo firmemente, porque veo sus beneficios y ventajas a diario en las empresas, que organizaciones con líderes con estilo femenino producen más, crean un mucho mejor ambiente de trabajo y la gente perdura más en sus empleos porque es más feliz.

No hace falta ser mujer o haber tenido algún padre con un estilo así para poseerlo. Insistimos una vez más que cualquiera que esté predispuesto y se entrene podrá desarrollar las habilidades y actitudes propias de este estilo.

BIBLIOGRAFÍA

Primera parte

AA.VV.: *Índice de entornos familiarmente responsables en el mundo y en Argentina*, IESE Business School, Barcelona, 2011.

América Economía: "Aumenta participación de mujeres en mercado laboral de América Latina", en http://mba.americaeconomia.com/articulos/notas/aumenta-participacion-de-mujeres-en-mercado-laboral-de-america-latina, sin fecha.

Anónimo: "Apenas 3 de cada 10 puestos directivos son ocupados por mujeres", en *Tiempo Argentino*, Buenos Aires, 27/10/2014.

Anónimo: "Conducción en primera persona", en *La Nación*, Buenos Aires, 05/07/2015.

Blog Trabajando.com: "El 41% de los argentinos no está contento con su trabajo" en http://blog.trabajando.com.ar/argentina/236-el-41-de-los-argentinos-no-esta-contento-con-su-trabajo, marzo 2012.

Cadena 3: "Estadísticas revelan que las mujeres cada vez trabajan más en la Argentina", en http://cadena3.com/contenido/2012/08/05/101209.asp, 05/08/2012.

Gorodischer, V.: "Nuevas líderes, nuevos desafíos", en *La Nación*, Buenos Aires, 20/04/2013.

Hatum, A.: "La falta de compromiso tiene un alto costo para todas las empresas", *La Nación*, Buenos Aires, 07/09/2014.

Jueguen, F.: "Primero padres, luego empleados", en *La Nación*, Buenos Aires, 20/11/2011.

Juo de Quartz, L.: "Uno de cada cinco empleados está descontento con su trabajo en EE.UU.", en *Miami Diario*, Miami, 27/10/2015.

Monferrán, J.: "La mujer, una estrategia de negocio", en revista *Líderes del mañana*, noviembre 2010.

Mujeres&Cía: "Talento femenino para empresas exitosas y competitivas", en http://www.mujeresycia.com/index.php?x=nota/49567/1/talento-femenino-para-empresas-exitosas-y-competitivas, 06/08/2012.

Mujeres&Cía: "Más directivas, más rentabilidad empresarial", en http://www.mujeresycia.com/index.php?x=nota/86821/1/ms-directivas-ms-rentabilidad-empresarial, 21/10/2014.
Organización Internacional del Trabajo: *La mujer en la gestión empresarial. Cobrando impulso. Informe Mundial,* OIT, Ginebra, 2015.
Osorio M.: "Ranking de empresas que más promueven el liderazgo en la región", en http://mba.americaeconomia.com/articulos/reportajes/ranking-de-empresas-que-mas-promueven-el-liderazgo-en-la-region, 14/06/2011.
Rato, A.: "Las CEO, entre ventajas y prejuicios", en *La Nación*, Buenos Aires, 07/03/2010.
Univision.com: "La mayoría de los trabajadores en EE.UU. están descontentos con su trabajo", en http://www.univision.com/noticias/empleo/la-mayoria-de-los-trabajadores-en-eeuu-estan-descontentos-con-su-empleo, 18/06/2014.
20 minutos: "Los trabajadores españoles, entre los empleados más descontentos con su entorno laboral", http://www.20minutos.es/noticia/2145983/0/trabajadores-espanoles/descontentos/entorno-laboral/, 22/05/2014.

Segunda parte

Las biografías del Capítulo 3 fueron elaboradas a partir de las siguientes fuentes:
Dalai Lama: *Valores para la libertad interior*. Lumen, Buenos Aires, 2011.
https://es.wikipedia.org/wiki/Teresa_de_Calcuta
http://www.rednoticias.ws/noticias/2015/06/07/experta-en-liderazgo-femenino-bachelet-esta-teniendo-problemas-por-su-falencia-en-habilidades-mas-masculinas.html
http://www.iprofesional.com/notas/159689-Las-10-mximas-de-Mxima-tips-de-liderazgo-para-aprender-de-la-flamante-reina-de-Holanda
http://www.biografiasyvidas.com/biografia/m/mandela.html
http://heroinas.blogspot.com.ar/2012/05/monica-carranza.htmlhttp://www.perfil.com/sociedad/Murio-Monica-Carranza-lider-de-Los-Carasucias-20091228-0014.html
http://ar.selecciones.com/contenido/a382_juan-carr-creo-la-red-solidaria
http://sergiovigil.com.ar/
http://www.gente.com.ar/actualidad/me-voy-porque-es-tiempo-de-que-las-leonas-tengan-otro-conductor/8487.html
https://es.wikipedia.org/wiki/Malala_Yousafzai

ACERCA DEL AUTOR

El **Dr. Martín Cañeque** es director de PHARUS Consultora Gerencial, dedicada a la gestión de importantes cambios organizacionales por medio del entrenamiento de sus líderes, a través de sus unidades de Consultoría, Entrenamiento Gerencial y Capacitación.

Estudios

- Abogado UBA.
- Mediador UBA.
- Máster en Administración de Empresas de la UCA.
- Diplomado Internacional de Coaching del IEL.
- Ha realizado estudios de Posgrado de Negociación, Resolución de Problemas, Planificación y Creatividad.

Experiencia

Ha sido consultor e instructor para consultoras como Esama, Ordoñez Bianco, Chaxxel Recursos Humanos, Estudio Nora Pal y Daniel Martínez & Asociados.

Ha trabajado para empresas como Blaisten, Brinks, OSDE, Sodimac, Easy, Bagó, OMINT, Telefónica de Argentina, Grupo Saint Gobain, Falabella, Crowe Horwath, Claro, Nutricia-Bagó, Supermercados DIA, Grupo ASSA, 3M, Maersk Sealand, Previsol, Berkley, Henkel, Musimundo, Movicom, Latin Panel, Marval O'Farrel, Correo Argentino, Bridgestone-Firestone, Nidera SA, Dufour, Esso, ABB, Gambro Healthcare, Carat, CDA Sistemas, Perfugroup, Oracle, Kidde Argentina, Grupo Brabo, Kallpa Tour Operator y Abelson, entre otras.

Ha viajado por toda Latinoamérica, trabajando para empresas como Lloyd's Bank (Paraguay), Grupo Corona y Banamex (México), Rucein (Cuba), ToyoAce (Venezuela), Pepsi (Guatemala), etc.

Vivió en México y Venezuela, dirigiendo proyectos de gran envergadura, de más de 7.500 personas.

Docencia

Es profesor de las materias Dirección General y Administración General de la Carrera de Administración de Empresas de la UCA, profesor de Liderazgo y Negociación de la UADE y de Liderazgo y Equipo de la UADE Business School y de Gestión del Cambio de la Maestría de RR.HH. de la UADE Business School, docente de la Carrera de Liderazgo Creativo de Hilda Cañeque y docente de la Escuela de Negocios de UCA.

Se ha desempeñado como mediador en el Centro de Formación Profesional de la Facultad de Derecho de la UBA y en el Centro de Resolución de Conflictos Nuestra Señora de la Guardia.

Publicaciones

Ha escrito numerosos artículos sobre su especialidad para distintos medios y ha editado recientemente el libro *Aprender a Liderar: Manual de entrenamiento gerencial,* de Editorial Temas, patrocinado por la Universidad Argentina de la Empresa (UADE).